Die kollektive Identität von Anonymous

Anonymous

Was sich hinter der Maske verbirgt

Einleitung

„We are Anonymous. We are Legion. We do not forgive. We do not forget. Expect us." Diese Beschwörungsformel ertönt am Ende der Anonymous-Internetvideos. Auch Webseiten, Plakate und Aufrufe sind mit dem Slogan versehen. Doch wer verbirgt sich hinter dem „We"? Bedeutet die hier verwendete Wir-Konstruktion, dass Anonymous eine kollektive Identität aufweist? Im alltäglichen Sprachgebrauch und der Presse wird Anonymous oft als Hackergruppe, als Hacktivismus[1], als eine Organisation von Aktivisten für Meinungsfreiheit und Datenschutz, eine Bewegung oder auch als Form des Online- oder Cyberterrorismus, als Zusammenschluss von jugendlichen Internet-Nerds oder wie von Fox-News als Hass-Maschine des Internets bezeichnet.[2] Die verschiedenen Definitionen veranschaulichen, dass das proklamierte „Wir" äußerst unterschiedlich aufgefasst wird. Es scheint keine Klarheit darüber zu bestehen, was Anonymous ist und was es

---

[1] „Hacktivism" ist eine Wortkreation aus den englischen Wörtern „hacking" und „activism".
[2] Vgl. Norton (2011).

charakterisiert. Das zeugt unter anderem davon, dass Anonymous keine Organisation ist, deren Existenz auf einer Satzung und entsprechenden Aufgaben basiert. Es fällt daher schwer, das Phänomen zu kategorisieren.[3] Lässt sich das aber auch darauf zurückführen, dass dem Kollektiv keine kollektive Identität eigen ist? Anonymous ist offen, dezentral und hierarchiefrei organisiert und lehnt Prinzipien der Identität und Repräsentation ab.[4] Wie soll unter diesen Bedingungen der Anonymität und des losen Zusammenschlusses ein handlungspraktisches Wir-Gefühl entstehen, das kollektive Aktionen ermöglicht? Nicht nur Anonymität, sondern auch Virtualität und Transnationalität stehen scheinbar im Gegensatz dazu, dass Akteure eine gemeinsame Identität herausbilden. Kann trotz dieser Besonderheiten eine kollektive Identität bestehen?

Kollektive Identität erhält im Zuge der Bewegungsforschung einen stetig steigenden Stellenwert und wird inzwischen als konstitutives Merkmal sozialer Bewegungen angesehen, die als „networks of informal interactions, between a plurality of individuals, groups or associations, engaged in a political or cultural conflict, on the basis of a shared collectiv identity"[5] definiert werden. Anonymous soll in dieser Arbeit aber nicht hinsichtlich Merkmale sozialer Bewegungen analysiert werden, was die lange Liste der Betitelungen des Kollektivs bestenfalls um einen weiteren Terminus erweitern würde. Vielmehr sollen, mithilfe eines Konzepts aus der Bewegungsforschung, Prozesse kollektiver Identität von

---

[3] Vgl. ebd.
[4] Vgl Wiedemann (2012), S.206.
[5] Kreutz (2003), S.26.

Anonymous hinterfragt werden. Anstatt den wenig aussichtsreichen Versuch zu unternehmen, das offensichtlich vielfältige Wesen von Anonymous determinieren zu wollen, soll also der Frage nachgegangen werden, ob Anonymous-Anhänger gemeinsame Deutungsmuster teilen und sich durch gewisse Prozesse selbst definieren. Im Falle einer positiven Antwort könnten Rückschlüsse gezogen werden, was das Phänomen zusammenhält und kennzeichnet. Dementsprechend könnte eine Analyse Prozesse kollektiver Identität zu einem fundierten Verständnis des komplexen Gebildes Anonymous, das seit Jahren in den Medien für Aufsehen sorgt, beitragen.

In gleichem Maße, wie das in Kapitel 2 vorgestellte Konzept fundierte Erkenntnisse über Anonymous liefern könnte, verkörpert Anonymous einen idealen, wenn auch anspruchsvollen Untersuchungsgegenstand für Prozesse kollektiver Identität. Anonymous steht seit 2008 für eine breite Spanne politischer Themen ein: Freie Meinungsäußerung, Urheberrechte, zuweilen auch Menschenrechte. Unter anderem startete das Kollektiv Angriffe auf Scientology (2008), auf Zahlungsdienste wie PayPal, Visa, und Mastercard (2010) sowie auf verschiedene in den arabischen Frühling verwickelte Regierungen (2011). Überdies ist das Massenphänomen Anonymous durch anonyme Kommunikation im Internet entstanden, das bis heute seine de facto einzige Kommunikations- und Koordinationsplattform ist. Durch seine Eigenschaften schwingen bei der Analyse kollektiver Identität grundsätzliche Fragen mit: Kann durch rein netzbasierte

Interaktionen eine kollektive Identität herausgebildet werden? Ist dies sogar im Falle anonymer Kommunikation möglich, die individuelle Identitäten verschleiert? Und kann auf transnationaler Ebene über Ländergrenzen und eine Fülle diverser politischer Themen und Aktivitäten hinweg überhaupt eine kollektive Identität entstehen? Die Ermittlung der kollektiven Identität von Anonymous verspricht somit aufschlussreiche Perspektiven und Einsichten in die Theorie der kollektiven Identität im Allgemeinen. Im Rahmen dieser generellen Fragen soll das Hauptaugenmerk jedoch auf Anonymous gerichtet werden. Weist es eine kollektive Identität auf, könnten in einem zweiten Schritt weitere Thesen formuliert werden: Worauf beruht diese kollektive Identität und wie stabil ist sie einzuschätzen? Ist Anonymous möglicherweise zeitgenössischen, den Identitätsgedanken heraushebenden sozialen Bewegungen zuzurechnen? Sollte sich keine kollektive Identität bei Anonymous feststellen lassen, würde es das Kollektiv als soziale Bewegung ausschließen. Oder Fragen in Bezug auf eine neue Kategorie sozialer Bewegungen aufwerfen, in denen eine kollektive Identität der Akteure hinfällig ist. In jedem Fall wird das Anwenden eines Konzepts der kollektiven Identität auf Anonymous interessante Einblicke in, und fundierte Aussagen über das Innenleben des Kollektivs gewähren, die weitergreifenden Schlüssen den Weg ebnen. Darüber hinaus ist Anonymous dahingehend ein geeigneter Untersuchungsgegenstand für Prozesse kollektiver Identität, dass es bestehende theoretische Annahmen ergänzen und erweitern könnte.

Das Fehlen einer Satzung und anderer offizieller Papiere macht eine empirische Analyse von Anonymous zu einem anspruchsvollen Unterfangen. Keiner darf im Namen des Kollektivs sprechen und jedermann kann im Grunde zu jeder Zeit Anonymous sein, da hierarchielos und anonym agiert wird. Generalisierbare Aussagen über Prozesse kollektiver Identität müssen daher mit großer Vorsicht formuliert werden. Werden die Hürden jedoch erfolgreich genommen, so sollte schlussendlich bewiesen werden, dass bei Anonymous trotz Ablehnung der Identitätsidee durch Ein- und Ausschließungsprozesse, Bewusstseinsbildungsprozesse und geteilte kulturelle Symbole und Praxen gewisse Wir-Konstruktionen entstehen, die die Mitglieder zusammenhalten und affektiv an das Kollektiv binden.

Die Untersuchung der kollektiven Identität von Anonymous hat in der Forschung und Literatur wenig wissenschaftliche Beachtung gefunden. Selbst der amerikanischen Anthropologin Gabriella Coleman, die sich seit mehr als einem Jahrzehnt mit der Hackerkultur sowie Anonymous befasst, fällt es schwer, die Frage nach internen Bindungen des Kollektivs zu beantworten.[6] In diversen Büchern und Artikeln beschreibt sie das Zustandekommen und die Entwicklungsgeschichte von Anonymous. Dabei betont sie identitätsstiftende kulturelle Elemente wie den Spaßfaktor und die Freiheit im Internet, um die sich ein kollektives Gedächtnis und eine kollektive Identität gebildet hätten.[7] Sie konzentriert sich allerdings

---

[6] Vgl. Walters (2012).
[7] Vgl. Coleman (2014), S.44.

mehr auf eine allgemeine Darstellung des Kollektivs als auf die wissenschaftliche Herausarbeitung seiner kollektiven Identität. Einer ähnlichen Literaturkategorie entsprechen die Bücher von Olson, Reißmann und Bardeau[8], deren journalistische Werke ein präzises Gesamtbild von Anonymous präsentieren, hingegen weniger fundierte Aussagen über eine kollektiv geteilte Identität machen. In manchen wissenschaftlichen Aufsätzen zu Anonymous wird dieser Frage schon eher nachgegangen. Die Sozialwissenschaftlerin Wiedemann diskutiert die offene Kollektivität von Anonymous und macht Informationsfreiheit, freien Austausch über das Internet sowie die Ablehnung von Identität und Repräsentation als Basis der Kollektivität aus.[9] Herwig betont den von Individuen losgelösten Charakter der kollektiven Identität Anonymous und stellt wiedererkennbare Identitätsmerkmale wie die Guy-Fawkes Maske und das eingangs erwähnte Motto in den Vordergrund.[10] Sie versteht die kollektive Identität als Agglomeration von Bedeutungen, die als gemeinsame Ressource zur Verfügung steht und nicht als sozial-psychologische kognitive Ebene, die affektive Bindungen zwischen den Anonymous-Mitgliedern schafft. Leung geht davon aus, dass eine kollektive Identität bei Anonymous weder gegeben noch notwendig ist. Sie entwickelt daraufhin das theoretische Konzept einer „liminal collective identity", einer Art temporären kollektiven Identität, welche den Bedürfnissen der sich stetig verändernden Teilnehmer entspricht.[11] Die schwierige begriffliche Bestimmung

---

[8] Vgl. Reißmann; Stöcker; Lischka (2012), Bardeau; Danet (2012), Olson (2013).
[9] Vgl. Wiedemann (2012), S.206.
[10] Vgl. Herwig (2011).

kollektiver Identität macht die verschiedenen Interpretationen möglich und die später erfolgende konzeptionelle Klärung unerlässlich. In Online- und Printmedien wird wie einleitend erwähnt Anonymous in vielerlei Hinsicht definiert, beispielsweise als „hacktivist group" mit speziellen kulturellen Zügen[12]. Anonymous sei ein „identitäres schwarzes Loch", bringt die Frankfurter Allgemeine Zeitung die Schwierigkeit auf den Punkt, das Wesen des Internetphänomens zu fassen.[13] Insgesamt lässt sich feststellen, dass Anonymous in der Wissenschaft und der Presse zwar breite Beachtung gefunden hat, die Erforschung der kollektiven Identität aufgrund seiner besonderen Begebenheiten dagegen wenig fortgeschritten ist. Die hier angewendete Analyse dieser mithilfe eines wissenschaftlichen Konzepts wäre dementsprechend eine Neuheit. Sie könnte die oft sehr allgemein gehaltene Literatur zu Anonymous ergänzen und neue Einblicke in die Natur des Kollektivs gewähren, das so schwer zu greifen scheint.

In einem ersten Kapitel sollen in knapper Weise kontextuelle Elemente von Anonymous dargelegt werden. Hierbei sollen zuerst das Entstehen von Anonymous aus dem Imageboard 4Chan erläutert und die Hackerkultur als mögliches kulturelles Fundament vorgestellt werden. Daraufhin werden Neue Soziale Bewegungen als Bewegungen kollektiver Identität sowie für Anonymous zentrale Themen wie Transnationalität und Internet und ihre Auswirkungen

---

[11] Vgl. Leung (2013).

[12] Vgl. Herwig (2011); Wall (2011).

[13] Vgl. Diener (2015), s.15.

auf kollektive Identität diskutiert. Der Kontext beeinflusst zweifelsohne Prozesse kollektiver Identität und ist insofern auch wegweisend für die Konzeptualisierung dieser, die im zweiten Kapitel erfolgt. Das der Arbeit zugrunde liegende analytische Modell kollektiver Identität soll veranschaulicht werden. Dafür wird einerseits das Konzept der kollektiven Identität vorgestellt und analytisch eingegrenzt, und andererseits der Framing-Ansatz der Bewegungsforschung aufgegriffen und in einem dritten Schritt mit den Modell kollektiver Identität verknüpft. Nach Betrachtung des Kontextes sowie der Auseinandersetzung mit dem konzeptionellen Fundament der Analyse wird in einem dritten Kapitel Anonymous auf Prozesse kollektiver Identität untersucht, indem das in Kapitel 2 vorgeschlagene Analyse-Modell angewendet wird. Es werden in einem Dreischritt erstens Grenzziehungsprozesse, zweitens Bewusstseinsbildungsprozesse und schließlich kulturelle Symbole und Praxen analysiert werden, die jeweils mit bestimmten Framing-Prozessen verbunden sind. Die qualitative Quellenanalyse stützt sich dabei maßgeblich auf Sekundärliteratur sowie primäre kollektive Bewegungsgüter wie Videos oder Bekennerschreiben von Anonymous.

1. Kontextgebundene Elemente

Der Teil setzt gewissermaßen voraus, dass der gesellschaftliche Kontext Prozesse kollektiver Identität beeinflusst. Er soll ein Verständnis der Prozesse kollektiver Identität ermöglichen, das über einen hermeneutischen Zugriff auf das Material (Texte, Videos,

Sekundärliteratur) hinausgeht. Haunss betont bei seiner vielzitierten Studie zur Schwulen- und Autonomenbewegung die Bedeutung einer solchen Eingliederung der kollektiven Identität.[14] Zudem ist diese auch für die in Kapitel zwei vorzunehmende Eingrenzung des konzeptuellen Begriffs der kollektiven Identität von wesentlicher Bedeutung, da sich die verschiedenen Ansätze auf Bewegungen mit diversen geschichtlichen und kontextuellen Hintergründen beziehen. Statt den wenig hoffnungsvollen Versuch zu unternehmen, den Kontext vollständig widerzugeben, wird sich der Teil auf zentrale Themen und Aspekte beschränken. Deren Auswahl und Identifizierung beruht auf Besonderheiten, die in der Literatur mit Anonymous in Verbindung gebracht werden und als prägende Elemente angesehen werden. Es steht keine erschöpfende Darstellung der genannten Aspekte im Vordergrund, sondern die Herausarbeitung möglicher gewinnbringender Rückschlüsse dieser im Zusammenhang mit der kollektiven Identität von Anonymous.

1.1. Die Entstehungsgeschichte von Anonymous und die Hackerkultur

Die Wurzeln von Anonymous liegen im „Imageboard 4Chan", ein Webforum, in dem jeder unzensiert Bilder und Botschaften hinterlassen und kommentieren kann. Gegründet wurde 4Chan von einem Teenager in den USA, der ein japanisches Vorbild kopierte.[15] Im Schutz der Anonymität werden traditionelle Rollen oder gesellschaftliche Tabus gebrochen. Alte Beiträge werden von neuen

---

[14] Vgl. Haunss (2004).
[15] Vgl. Reißmann;Stöcker; Lischka (2012), S.27.

Beiträgen ohne Speicherung oder Archivierung verdrängt und gelöscht, was zu einer schnellen Abfolge und Kurzlebigkeit von Themen führt. Anonymität ist vorgeschrieben: Beiträge sind mit dem Namen „Anonymous" gekennzeichnet, woher auch der Name des Kollektivs stammt. Nutzer 4Chans werden genau wie die daraus hervorgehenden Anhänger des Anonymous-Kollektivs abgekürzt als „Anons" bezeichnet. In den Foren 4Chans ist nahezu alles erlaubt, außer Kinderpornographie, die vom Administrator verboten und verbannt wird. Rassistische, frauenfeindliche oder homophobe Beiträge stehen auf der Tagesordnung und sollen Besucher abschrecken.[16] Das Tabubrechen gehört zu den elementarsten Eigenschaften des Imageboards und hält Andersdenkende fern. In einem speziellen Forum 4Chans, dem „/b/ board", koordinierten sich ab einem gewissen Zeitpunkt Anons, die ihre technologischen Fähigkeiten im Netz zu nutzen suchten und vorher abgestimmte Ziele mit Telefonstreichen, Spammails, und teilweise sogar Hackerangriffen belästigten. Die Angriffe waren jedoch weder gegen eine bestimmte Gruppe gerichtet, noch sehr seriös. Erst durch das Projekt „Chanology" (4Chan+Scientology) gegen Scientology erhielten sie eine ernsthafte, politische Komponente. Anons wichen auf andere Internetforen, Chats und soziale Netzwerke wie Facebook und Twitter aus, wo von nun an die Koordination und Kommunikation stattfand. „Chanology" brachte die Anons auch erstmals zu Demonstrationen auf die Straße. Das neue Kollektiv Anonymous löste sich mehr und mehr vom ursprünglichen

---

[16] Vgl. Norton (2011).

Webforum heraus und entwickelte eine eigene „Identität". Somit kann praktisch jeder anonyme Austausch auf 4Chan als Anfang von Anonymous gesehen werden, es lassen sich keine einzelnen User als Gründer identifizieren. Es ist vielmehr das zugrunde liegende Prinzip der anonymen Kommunikation, das als Ausgangspunkt gesehen werden muss.[17] Die Methoden zur Massenmobilisierung für das ausgerufene Ziel, die Zerstörung der Kirche Scientologies, sind beispielhaft für die Geburtsstunde des politischen Bewusstseins Anonymous'. Norton fasst den elementaren Wendepunkt von Anonymous folgendermaßen zusammen:

> "What first pushed Anonymous in a political direction was the only thing that could have: an attempt to interfere with their lulz. And in dedicating themselves to that latter goal, Anonymous began to develop a real political consciousness—along with some new and ingenious methods for taking mass action."[18]

„Lulz" als ein zentrales Element darf für die Untersuchung der kollektiven Identität von Anonymous nicht unerwähnt bleiben. Lulz, eine abgeänderte Form des "LOL" (laughing out loud), meint das Vergnügen, das aus spielerischen, oft sinnlosen Aktionen im Internet erwächst, wenn beispielsweise Fotomontagen im Netz zirkulieren und ständig abgewandelt werden. Auch das „Trollen", wenn sachbezogene Kommunikation im Internet fortwährend durch Provokationen, Beleidigungen und andere destruktive Beiträge untergraben wird, ist eine Form des Lulz, das auf Humor und Schadenfreude basiert. Es wird neben anderen kulturellen Symbolen

---

[17] Vgl. Wiedemann (2014), S.153.
[18] Vgl. Norton (2012).

und Praxen im Kapitel 3.3 im Hinblick auf die Generierung einer kollektiven Identität analysiert werden.

In nicht seltenen Fällen wird Anonymous mit einer Gruppe von Hackern oder einer Form des Hacktivismus gleichgesetzt. Die Kultur des „Hackens" hat keinen klaren Entstehungszeitpunkt, kommt jedoch erstmals zwischen den 1950er bis 1980er Jahren am Massachusetts Institute of Technology auf. Bekannte Namen wie die späteren Apple Gründer Steve Wozniak und Steve Jobs experimentierten erstmals mit harmlosen Streichen über das Telekommunikationssystem. In den 1990er Jahren erfolgen dann die ersten politisch geprägten Hackerangriffe (auf die NASA 1989, Britische Regierung 1994 etc.), woraufhin ein Mitglied einer texanischen Hackergruppe erstmalig den Begriff „Hacktivism" verwendet (1996). Hacktivismus beschreibt das Nutzen digitaler Tools und des Internets, um auf politische Anliegen aufmerksam zu machen. Es geht in diesem Teil jedoch weder darum, die Entstehungsgeschichte der Hackerkultur darzulegen[19], noch um den Hacktivismus als mögliches politisches Aktionsmittel von Anonymous zu analysieren. Dagegen wird die Hackerkultur als möglicher kultureller Nährboden für Anonymous diskutiert. Obwohl Anonymous häufig mit Hackern assoziiert wird, repräsentieren sie lediglich einen kleinen Teil von Anonymous[20]. Dennoch könnten einige fundamentale Hackermerkmale auch elementare Charakteristika von Anonymous widerspiegeln. „Hacker sind keine

---

[19] Bei Interesse hier nachlesbar: http://foreignpolicy.com/2013/04/29/hacktivism-a-short-history/.
[20] Vgl. Thyroff (2012).

Computer-Spinner, denen es darum geht, Codes zu knacken, illegal in Systeme einzudringen oder den Computerverkehr durcheinanderzubringen."[21] Das Hackeruniversum hat spezifische Wertorientierungen, wie die Freiheit, schöpferisch zu sein und sich jegliches Wissen anzueignen und zu verbreiten. Es hat technologische Innovation und persönlichen Spaß an Kreativität als Ziel. Verbunden sind diese Werte mit einem fundamentalen Prinzip: Der offene Zugang zu allen Informationen und die Freiheit, diese zu modifizieren.[22] Der freie Informationszugang im Internet ist die eine Idee, die alle Hackergenerationen und -gruppen teilen. Dahingehend wird die Verteidigung der Ausdrucksfreiheit im Internet unterstrichen. Das Eingreifen und Kontrollieren von Staaten und Unternehmen soll bekämpft werden. Darüber hinaus baut die Hackerkultur auf ungehemmter Kommunikation auf, die auf der Grundlage der Freiheit, Kooperation, Reziprozität und Informalität stattfindet. Innerhalb der Kooperation hängen Prestige, Ruf und Wertschätzung für eine (virtuelle) Person mit der Gabe an die Gemeinschaft zusammen. Die Anerkennung wiederum ist als Quelle von Autorität und Macht anzusehen, ganz im Gegensatz zu Geld, Eigentum oder institutioneller Macht. Des Weiteren gibt es in der Welt der Hacker wie auch der Kunst, Musik und Literatur oftmals eine Tendenz des psychologischen Überlegenheitsgefühls dank der technologischen Fähigkeiten.[23] Insgesamt eint die Hacker aber in erster Linie der Glaube an die Macht der Computervernetzung sowie

---

[21] Castells; Kößler (2005), S.52.
[22] Vgl. ebd.
[23] Vgl. Castells; Kößler (2005), S.60.

die Entschlossenheit, diese technologische Macht als gemeinschaftliches Gut zu bewahren.

Zentrale Merkmale der Hackerkultur (z.B. persönlicher Spaß an Kreativität, das Prinzip der für alle zugänglichen und modifizierbaren Information, ungehemmte Kommunikation aufbauend auf Informalität und Kooperation) scheinen auf den ersten Blick mit Charakteristika von Anonymous übereinzustimmen. Deshalb soll in Kapitel 3.3 geprüft werden, inwiefern die Hackerkultur und der vorher genannte Ursprung 4Chan einen identitätsstiftenden kulturellen Nährboden verkörpern.

1.2. Neue soziale Bewegungen

Zeitgenössische Bewegungen wie die Friedens-, Frauen- und Lesben-, Tierrechte- oder Antikernkraftbewegung können anhand alter theoretischer Perspektiven und Modelle nur unzureichend analysiert werden.[24] Die Sozialwissenschaften wurden zu großen Teilen des letzten Jahrhunderts erst von ideologischen Ansätzen der Bewegungsforschung, die sich mit sozialistischen, kapitalistischen, faschistischen etc. Bewegungen auseinandersetzten, und später von rationalistischen Ansätzen, dominiert. Letztere legten den Fokus auf soziale Konflikte und Spaltungen als Bewegungsursprung und die Bedeutung von Bewegungsressourcen wie Zeit und Geld. Sie setzen voraus, dass potentielle Konflikte in der Gesellschaft und das Vorhandensein von Ressourcen automatisch zur Mobilisierung führen würden. Die Bedeutung einer Gruppenformierung zugrunde

---

[24]Vgl Johnston; Larana; Gusfield (1994), S.3.

liegenden persönlichen Motivation als Ausgangspunkt der Mobilisierung wurde dahingehend vernachlässigt.

Als Neue Soziale Bewegungen (NSB) beschreibt man eher einen Ansatz als eine feststehende Theorie. Es geht dabei nicht um empirisch nachgewiesene Eigenschaften, sondern den Versuch, gewisse gemeinsame Merkmale zeitgenössischer Bewegungen auszumachen und ein Analysemodell für diese bereitzustellen. Johnston arbeitet entsprechend acht Charakteristika neuer sozialer Bewegungen heraus, die weder empirisch geprüft wurden noch für alle NSB zutreffen müssen:[25]

1. Unterschiedliche, nicht strukturelle soziale Status (Geschlecht, Alter, sexuelle Orientierung, Beruf) bilden die Basis der NSB. Keine Klassenstruktur.

2. Pluralistische Ideen und Werte und pragmatische Orientierungen statt einheitlicher Ideologie.

3. Mobilisierung durch kulturelle/symbolische, nicht wirtschaftliche Forderungen. Die damit zusammenhängende Identität als Ausgangspunkt kollektiver Handlungen.

4. Beziehung zwischen Individuum und Kollektiv verschwimmt.

5. NSB beziehen persönliche, intime Werte des täglichen Lebens (Sexualität etc) mit ein.

6. Radikale Mobilisierungsstrategien, Gewaltlosigkeit und ziviler Ungehorsam.

---

[25] Vgl. ebd., S.6.

7. NSB stehen mit der Legitimitätskrise konventioneller Protest- und Partizipationskanäle westlicher Demokratien in Verbindung.

8. Segmentierte, dezentrale, zerstreute Organisationsformen. Weitgehende Autonomie lokaler Gruppen. Abgrenzung von Hierarchien und zentraler Organisation.

Der NSB-Ansatz stellt die kollektive Identitätsfindung als zentralen Aspekt der Bewegungsbildung in den Vordergrund. Er entwickelt eine neue Sozialpsychologie der Partizipation, in der die Genese von Werten, Identitäten und kognitiven Rahmungen als Prozesse betont werden. Die Aufmerksamkeit wird auf Identitäten als sich verändernde, nicht feststehende Ausgangssituation für die Mobilisierung gelegt. Der Teilnehmer verkörpert nicht mehr nur eine Ressource oder einen einheitlichen Akteur im Sinne des Agenten des Ressourcenmobilisierungsansatzes.[26] Interne Dynamiken von sozialen Beziehungen, Werte, Identitäten und Rahmungen, erhalten dadurch eine stärkere Bedeutung und werden als komplexe Phänomene bewertet. Die Grenzziehung zwischen auf Identität gegründeten NSB und alten Bewegungen wird, vor allem von amerikanischer Seite, bestritten.[27] Es geht hier auch weniger darum, Anonymous hinsichtlich der dargestellten Merkmale der NSB zu prüfen, als vielmehr die besondere Stellung der kollektiven Identität des Ansatzes zu veranschaulichen. Weist Anonymous eine kollektive Identität als mobilisierenden Faktor auf, könnte das Kollektiv

---

[26] Vgl. Ferre; Roth (1999), S.132.
[27] Vgl. ebd., S.139.

möglicherweise mit zeitgenössischen sozialen Bewegungen in Verbindung gebracht werden. Andernfalls würde es entweder bedeuten, dass Anonymous' spezielle Merkmale wiederum eine neue Kategorie neuer (neuer) sozialer Bewegungen repräsentiert oder gar nicht als soziale Bewegung bezeichnet werden kann. Solche Mutmaßungen sollen allerdings erst im Fazit erfolgen. Nun werden zwei maßgebliche Bestandteile NSB (Transnationalität und das Internet) als Kernelemente des Wesens Anonymous und deren Folgen für Prozesse kollektiver Identität beleuchtet werden.

1.2.1 Transnationalität

Die Identitätsarbeit, die der Gefahr der Fragmentierung locker strukturierter und kaum hierarchisierter sozialer Bewegungen begegnen soll, ist bei transnationalen Bewegungen aufgrund unterschiedlicher kultureller Prägungen, politischer Stile und Praktiken außerordentlich aufwendig.[28] Dennoch können kollektive Identitäten laut Rucht auch in transnationalen Bewegungen handlungspraktischen Charakter erlangen, falls das ausgemachte Problem grenzüberschreitenden Charakter hat (z.B. die Friedens- oder Klimabewegung).[29] Tarrow macht drei Probleme bei der transnationalen kollektiven Identitätsbildung aus.[30] Erstens sind Bewegungsidentitäten vornehmlich in Alltagsbeziehungen eingebettet, was länderübergreifend schwieriger zu gestalten, aber nicht unmöglich ist. Zweitens stellen kulturelle Veränderungen

---

[28] Vgl. Rucht (2002), S.333ff.
[29] Vgl. ebd.
[30] Vgl. Tarrow (2001).

kollektive Identitäten stets auf die Probe und drittens sind die Identitätskonstruktionen oft zu breit und unscharf, um kollektives Handeln zu ermöglichen. Ohne geteilte Denkmuster mit einheitlichen Zielen und Organisationsformen scheint eine transnationale kollektive Identitätsbildung problematisch.[31] Ob der grenzüberschreitende, lose, unverbindliche Zusammenschluss der Anons eine solche Identitätsbildung generiert, soll analysiert werden.

1.2.2. Internet

Das Aufkommen des Internets ist hauptverantwortlich für die Mediatisierung, die wachsende Bedeutung der Medien für Arbeit, Alltag und soziale Beziehungen.[32] Diese spiegelt sich auch in der Bewegungsforschung wider, wo die Rolle der Medien und des Internets eine stetig größere Beachtung gefunden hat. So werden beispielsweise immer mehr Medienfunktionen in Bewegungen wie die logistische Funktion der Protestmobilisierung oder die taktische Funktion des Internets als Waffe und Zielscheibe politischen Protests analysiert.[33] Das Hauptaugenmerk wird jedoch auf die sozial-kommunikative Funktionalität des Internets gelegt, die neue Informations-, Kommunikations-, und Partizipationsmöglichkeiten schafft und es jedem Bürger erlaubt, Teil des politischen Diskurses zu werden. Gleichwohl ist bei der Entwicklung demokratietheoretisch zu befürchten, dass die Ernsthaftigkeit der Beteiligung an digitalen Protestaktionen durch die niedrige

---

[31] Vgl. van Aelst; Walgrave (2002), S.106.
[32] Vgl. Thimm (2011), S.23.
[33] Vgl. Pfeiffer (2000), S.81-83.

Partizipationsschwelle nicht immer gegeben ist, aber dennoch politische Wirkungsmacht erfährt.[34] Das ist zweifellos auch bei Anonymous kritisch zu beurteilen, aber nicht Hauptanliegen dieser Arbeit.

Im Allgemeinen wird in der Forschung davon ausgegangen, dass das Internet traditionelle Protestformen erweitert und ergänzt, sie hingegen nicht gänzlich zu ersetzen vermag.[35] Es könne keine rein im Internet stattfindenden sozialen Bewegungen existieren, sondern lediglich die Mobilisierungskapazität und andere bereits angesprochenen Medienfunktionen dadurch vergrößert und verbessert werden. Eine Kombination aus virtueller und realer Organisation und Aktion sei für die Bewegungsbildung am geeignetsten, da virtuelle Kontakte interpersonelle Netzwerke nicht kompensieren können. Kreutz weist auf weitere Nachteile und Schwierigkeiten der Internet-Nutzung wie die erschwerte Informationsverarbeitung oder Fehlinformation durch steigende Komplexität und Informationsdichte oder das sogenannte „Digital Divide" hin.[36] Andere, optimistischere Arbeiten gehen etwas über die genannten Medienfunktionen des Internets hinaus und konstatieren, dass ressourcenärmere Organisationen stark von ihrer Internet-Präsenz abhängen und definiert werden können.[37] Das Internet erlaube mehr persönliche Vernetzungen in verschiedenen

---

[34] Vgl. Thimm (2011), S.302.
[35] Vgl. Rucht (2010), S.18-19; Van Aelst; Walgrave (2002), S.97-98; Cottle; Lester (2011).
[36] Vgl. Kreutz (2003), S.50.
[37] Vgl. Bennett (2003), S.4ff.

politischen Gemeinschaften, als in der realen Welt möglich. Andererseits werden weiterhin Probleme wie Entscheidungsfindung und die Herausarbeitung einer kollektiven Identität genannt. Anonymous könnte folglich die erste, nahezu rein virtuell stattfindende soziale Bewegung und gegebenenfalls eine Art Avantgarde für weitere sein. Das macht es zu einem idealen Untersuchungsgegenstand Prozesse kollektiver Identität.

Netzbasierte Kommunikation und Kooperation sei wie soeben erwähnt für eine kollektive Identitätsbildung unzureichend. Eine Gemeinschaft brauche persönliche Kontakte und Beziehungen, da Anonymität, Pseudonymität oder Falschangaben im Netz zu Misstrauen und demgemäß nur zu schwachen sozialen Bindungen führten. Dementgegen kann vorurteilsfreie Online-Kommunikation realer Kommunikation auch überlegen sein[38] und Selbstwertgefühl sowie die Bildung einer kollektiven Identität von stigmatisierten Minderheiten fördern. Virtuelle, frei veränderbare Scheinidentitäten können dabei die individuelle Identität ersetzen. Es herrschen höhere Gestaltungs- und Konstruktionsmöglichkeiten als außerhalb des Netzes, wobei die Identitätskonstruktion im virtuellen Raum immer ein Stück weit von der realen Identität beeinflusst wird.[39] Welche Auswirkungen haben jene Scheinidentitäten in Online-Kommunikationen, die die Stimme oder physische Aspekte wie das Geschlecht maskieren? Erleichtern oder erschweren sie die Herausbildung einer kollektiven Identität? Die bisher einzige

---

[38] Vgl. Song (2009).
[39] Vgl. Thimm (2011), S.32.

empirische Analyse kollektiver Identität in einer rein virtuellen, sozialen Bewegung liefert eine negative Antwort auf die Existenz einer kollektiven Identität.[40] Wie ist das bei Anonymous? Können neue Online-Phänomene überhaupt anhand klassischer Theorien der Bewegungsforschung wie der kollektiven Identität erklärt werden? Oder ist durch neue Technologien und soziale Strukturen das Vorhandensein kollektiver Identität in einer Bewegung möglicherweise hinfällig?

2. Das Konzept der kollektiven Identität und der Framing-Ansatz

Das Konzept der kollektiven Identität hat seit den frühen 1990er Jahren einen festen Platz in der Bewegungsforschung eingenommen und wird vom Großteil der Bewegungsforscher als konstitutives Element neuer sozialer Bewegungen verstanden.[41] Der häufige Gebrauch des Konzepts steht allerdings in starkem Gegensatz zu seiner unzulänglichen konzeptionellen Klärung.[42] Deswegen soll genauer auf das in dieser Untersuchung verwendete Konzept der kollektiven Identität eingegangen werden. Vor dem Hintergrund des „cultural turn"[43] ist das entstandene Interesse für die Sinnproduktion

---

[40] Vgl. McCaughey; Ayers (2013).
[41] Vgl. Daphi (2011), S.13.
[42] Vgl. Rucht (1995), S.9.
[43] Der „cultural turn" beschreibt das Aufkommen der Kulturwissenschaft und den wachsenden Einfluss der Kultursoziologie in den Geistes- und Sozialwissenschaften in der zweiten Hälfte des 20. Jahrhunderts. In der Bewegungsforschung wird er durch die zunehmende Aufmerksamkeit auf interne Werte, Identitäten und kognitive Rahmungen als sich verändernde, nicht feststehende Ausgangssituation für die Mobilisierung von sozialen Bewegungen

kollektiver Akteure als Resultat starker Kritik am rationalistischen Fokus vorhandener Erklärungsmodelle sozialer Bewegungen wie dem „Resource Mobilisation-" oder dem „Political Opportunity Structures-Ansatz" zu verstehen. Im Zuge dieser Entwicklung hat der Framing-Ansatz, der die aktiven Bemühungen der Akteure hervorhebt, die Interpretationen der Umwelt und der Gruppe zu rahmen, theoretisch wie empirisch großen Anklang gefunden.[44] Er ist eng mit dem Konzept der kollektiven Identität verbunden[45], weswegen die Mehrheit der Studien zu Bewegungsidentität diesem Ansatz folgt. Das Framing sowie die hier angesprochene Verbindung zu kollektiver Identität sollen ebenfalls näher erläutert werden, um eine angemessene Darstellung des später verwendeten analytischen Konzepts zu gewährleisten.

2.1. Das Konzept der kollektiven Identität:

Kollektive Identität erklärt, weshalb sich Aktiviten auch dann mobilisieren lassen, wenn aus der Sicht einer instrumentellen Rationalität die Anreize fehlen. Gewissen Aktionsformen liegt daher ein intrinsischer Wert zugrunde, da sie dem kollektiven Selbstverständnis der Bewegung entsprechen. Dabei muss man zwei unterschiedliche Verständnisse von Prozessen kollektiver Identität unterscheiden. Bei identitären Bewegungen wie der Frauen- oder Schwulenbewegung ist die Identität Zentrum des politischen Handelns. Es geht im Normalfall um Anerkennungskonflikte, die nur

---

verstanden; Vgl. Klein (1999).

[44] Vgl. Daphi (2011), S.14.

[45] Vgl Hunt; Benford; Snow (2009).

im Identitätsbezug möglich sind. Die Form kollektiver Identität geht sozusagen der sozialen Bewegung voraus. Andere Prozesse kollektiver Identitätsbildung sind abstrakter und rekurrieren auf Werte und Normen sowie Ereignisse und Erfahrungen, die über den Erfahrungshorizont der einzelnen Aktivisten hinausreichen.[46] Die Identitäten erhalten ihre Bedeutung vor allem in der internen Dynamik sozialer Bewegungen und sind Klammern, die heterogene Akteure zusammenhalten, gegenüber der Umwelt abgrenzen und ihre Partizipation regulieren. Die Identität steht hier aber nicht notwendigerweise im Zentrum der Politik. Da bei Anonymous Identitäts- oder Anerkennungskonflikte keine Rolle spielen, wird der zweite Ansatz, der in erster Linie durch Melucci geprägt wurde, als Ausgangspunkt der Konzeptualisierung kollektiver Identität verwendet. Er beschreibt kollektive Identität als

> „an interactive and shared definition produced by several individuals (or groups at a more complex level) and concerned with the orientations of action and the field of opportunities and constraints in which the action takes place."[47]

Kollektive Identität bedarf dabei erstens einer kognitiven Definition der Ziele, Mittel und des Aktionsfelds, zweitens verweist sie auf ein Netzwerk aktiver Beziehungen zwischen den Akteuren, und drittens benötigt sie ein gewisses Maß emotionaler Investitionen.

Taylor und Whittier übernehmen Meluccis Überlegungen und erstellen ein Analyserahmen für Prozesse kollektiver Identität: Sie unterscheiden erstens die Definition eines gemeinsamen Wirs als

---

[46] Vgl. Haunss (2004), S.72.
[47] Melucci (1995), S.44.

abgegrenzte Gruppe (Grenzziehungsprozesse), zweitens die Entwicklung geteilter Überzeugungen (Bewusstseinsbildungsprozesse) und drittens die Einnahme einer oppositionellen Position gegenüber der dominanten Ordnung (Aushandlungsprozesse). In Grenzziehungsprozessen bestimmen die Aktivisten Zugehörigkeitskriterien zu einer Bewegung, indem sie auf die sozialen, psychologischen und materiellen Strukturen verweisen, durch die Unterschiede zwischen der Bewegung und ihrer Umgebung hergestellt werden. Grenzziehungsprozesse können sowohl exklusiv gezogen werden, indem festgelegt wird, wer aus welchen Gründen nicht dazu gehören soll, oder inklusiv, indem Zugehörigkeitsmerkmale positiv bestimmt werden. Die Grenzziehungen können dabei sowohl von der Bewegung ausgehen oder das Ergebnis externer Zuschreibungen sein.[48] Bewusstsein wird als der interpretative Rahmen beschrieben, der als Ergebnis von Auseinandersetzungen entsteht, in denen kollektive Akteure ihre gemeinsamen Interessen formulieren und realisieren. Bewusstseinsbildungsprozesse sind demnach häufig mit Grenzziehungsprozessen verbunden, erschöpfen sich jedoch nicht durch die Festlegung von Zugehörigkeit. Es ist vielmehr ein fortlaufender Prozess der Einschätzung theoretischer und ideologischer Fundierungen kollektiven Handelns, der eigenen kollektiven Erfahrungen, Möglichkeiten und Interessen. Vorstellungen der Aktivisten über die Rolle der Bewegung im Prozess gesellschaftlichen Wandelns oder über Gesellschaft im

---

[48] Vgl. Haunss (2004), S.75.

Allgemeinen sind hier von Bedeutung und oftmals in alltägliche Kommunikation und Interaktion der Bewegungsmitglieder eingebettet.[49] Aushandlungsprozesse verweisen auf die Interaktionen, in denen Aktivisten gegenüber der dominanten Gruppe für Anerkennung streiten. Taylor und Whittier untersuchten damit in der Frauenbewegung die Symbole und alltäglichen Aktionen, durch welche die männliche Dominanz bekämpft und umstrukturiert werden sollte.[50] Da Anonymous keine identitäre, auf Anerkennung drängende Bewegung darstellt, sollen in dieser Arbeit lediglich symbolische und alltagspraktische Elemente als kulturelle identitätsstiftende Prozesse analysiert werden, ohne zwingenderweise gegen eine dominante Gruppe gerichtet zu sein. Kulturelle und symbolische Praxen als Prozesse kollektiver Identität umfassen eine affektive Dimension, die über die kognitive Ebene der Grenzziehungs- und Bewusstseinsprozesse hinausgeht. Sie berücksichtigen die von Melucci betonte emotionale Investition für die Herausbildung einer kollektiven Identität und eine handlungspraktische Komponente. Handlungspraktische Ansätze unterstreichen, dass Zugehörigkeitsmerkmale sowie gemeinsame Vorstellungen und Zielsetzungen allein nicht für die Entstehung kollektiver Identität ausreichen, sondern handlungspraktisch umgesetzt werden müssen.[51]

Kollektive Identität ist jedoch keine real existierende „Sache", sondern ein Konzept, ein analytisches Werkzeug. Es trägt

---

[49] Vgl. Taylor; Whittier (1992), S.114.
[50] Vgl. ebd., S.111.
[51] Vgl. Daphi (2011), S.17.

dazu bei, schwer erklärbare Phänomene wie NSB und deren kulturelle Dimension kollektiver Aktionen zu verstehen.[52] Das hier vorgestellte dreigeteilte Analysemodell wurde beispielsweise von Haunss, Ayers und März für die jeweilige Analyse kollektiver Identität in der Autonomen- und Schwulenbewegung in Deutschland, einer feministischen Online-Gruppe und einer Anti-Corporate Kampagne verwendet.[53] Meluccis Analyse ist insofern ein geeigneter Ausgangspunkt für die Konzeptualisierung kollektiver Identität, als dass er die Bedeutung koexistierender Identitätsauffassungen einer Bewegung hervorhebt. Heterogenität sei die Basis für das Fortbestehen einer sozialen Bewegung, da unterschiedliche Konzeptionen der sozialen Bewegung Grenzziehungs- und Bewusstseinsbildungsprozesse stimulieren.[54] Eine zu breite kollektive Identität mangelnder Konturierung und interner Kohäsion könnte dagegen auch schädlich sein und zu ihrer Erosion führen. Es wird sich zeigen, inwiefern dies auf das zweifellos heterogene Kollektiv Anonymous zutrifft. Im Rahmen des dargelegten dreiteiligen Analysekonzepts wird deutlich, dass kollektive Identität aus einer Vielzahl einzelner, sich wandelnder Elemente zusammengesetzt wird, aber dennoch eine relativ stabile Konstruktion aufweisen kann. Die Wandlungsprozesse sind als Aushandlungsprozesse (Grenzziehung, Bewusstseinsbildung) beobachtbar und damit Ansatzpunkte für die Analyse kollektiver Identität.

---

[52] Vgl Melucci (1995), S.51.
[53] Vgl. Haunss (2004); Mccaughey; Ayers (2013); März (2010).
[54] Vgl. Melucci (1995), S.70.

2.2. Der Framing-Ansatz

Der Framing-Ansatz weist darauf hin, dass Mobilisierungen und kollektive Aktionen selbst unter günstigen Umständen wie das Vorhandensein objektiver gesellschaftlicher Spannungen und Problemlagen von bestimmten Akteuren konstruiert und hergestellt werden müssen. Soziale Missstände müssen erst in sozialer Interaktion und Interpretation als Probleme wahrgenommen werden. Ob strukturelles Potential im Sinne fördernder Umstände zur Mobilisierung führt, hängt demnach vom Konstruktionsprozess der sozialen Probleme im Zusammenhang mit den Zielen einer Bewegung oder Organisation ab.[55] Der Framing-Ansatz hat theoretisch wie empirisch in der Bewegungsforschung großen Anklang gefunden und stellt den am systematischsten entwickelten Ansatz dar.[56] Ein Frame wird charakterisiert als:

> „interpretive schemata that simplifies and condenses the world out there by selectively punctuating and encoding objects, situations, events, experiences, and sequences of action within ones present or past environment."[57]

Frames als Deutungsmuster strukturieren die Wahrnehmung. Sie helfen dem Individuum, Ereignisse zu verstehen, zu verorten, sie zu benennen, sich mit ihnen zu identifizieren und bieten so Orientierungshilfen für soziales Handeln. Die Tätigkeit des Framing von sozialen Bewegungen besteht darin, in einer bewussten und strategischen Anstrengung gemeinsame Deutungsmuster der Welt und der eigenen Bewegung zu erstellen, die kollektive Aktionen

---

[55] Vgl. Chen (2005), S.47.
[56] Vgl. Daphi (2011), S.14.
[57] Snow; Benford (1992), S.137.

legitimieren und motivieren. Daraus resultieren sogenannte „Collective-Action-Frames", kollektiv produzierte Deutungsmuster, welche potentielle Anhänger mobilisieren können. Im Gegensatz zu individuellen Frames sind Collective-Action-Frames das Ergebnis von interaktiven Aushandlungsprozessen, die folglich einer ständigen Veränderung unterworfen sind.[58] Frames erlauben indes nicht nur eine bessere Zugänglichkeit komplexer Wirklichkeiten, sondern bestimmen gleichzeitig auch mögliche Aktionsfelder und Akteure. Sie nehmen („framen") bestimmte Situationen als ungerecht, unmoralisch oder unverzeihlich wahr („punctuating function"), identifizieren und verurteilen in einem zweiten Schritt das Problem und für die Situation schuldige Individuen, Prozesse oder Strukturen („diagnostic -framing") und bestimmen Lösungsvorschläge, Strategien zur Problembearbeitung sowie das für diese Aktionen verantwortliche Personal („prognostic framing").[59] „Master-Frames" erfüllen die gleichen Funktionen wie Collective-Action-Frames, jedoch in einem größeren Maßstab, da sie genereller Art sind und im besten Fall ein Deutungsmuster für alle Bewegungsmitglieder sind. Collective-Action-Frames leiten sich somit von weniger konkreten, übergeordneten Master-Frames ab. „Restricted Master-Frames" beschreiben spezifische, eingegrenzte ideologische Konzepte, die sich nur schwer ausweiten lassen und nur eine begrenzte Anzahl von Ideen und Interpretationen integrieren können. „Elaborated Master-Frames" hingegen sind flexibler,

---

[58] Vgl. Herkenrath (2011), S.47.
[59] Vgl Snow; Benford (1992), S.138.

universalistischer und beinhalten eine breite Spanne verschiedener Ideen. Dies ermöglicht einen höheren Inklusionsgrad und deshalb auch größere Mobilisierungsmöglichkeiten. Mobilisierung ist generell durch „Frame-Alignment" möglich. Collective-Action- oder Master-Frames werden diesbezüglich erweitert, um Überschneidungspunkte mit neuen möglichen Anhängern mit andersartigen Ideen zu schaffen und an die Bewegung zu binden. Vier verschiedene Formen des Frame-Alignment werden unterschieden: Frame „-bridging, -amplification, -expansion, oder -transformation."[60] Durch Frame-Bridging übernimmt die Bewegung mit ursprünglichen Ideen verwandte Frames. Transformation ersetzt alte, irrtümliche Frames mit neuen. Amplification meint das Verdeutlichen und Bestärken eines bestehenden Frames und Extension das Ausweiten eines Frames hinsichtlich Werte und Interessen potentieller Mitglieder.

2.3. Kollektive Identität in Verbindung mit Frames

Der Framing-Ansatz wird auch in der Analyse Prozesse kollektiver Identität angewandt, was eine Verbindung zwischen der klassischen Idee des Framing und NSB schafft.[61] Es werden diejenigen Collective-Action und Master-Frames identifiziert, die unterschiedliche Teile der Bewegung zusammenhalten und damit einen Beitrag zur Herausbildung der kollektiven Identität leisten. Es reicht jedoch nicht, Prozesse kollektiver Identität auf Framing-Prozesse zu reduzieren. Stattdessen sollten Frames als Baustein

---

[60] Vgl. Tarrow (1992), S.188.
[61] Vgl. Ferre; Roth (1999), A.134.

kollektiver Identität begriffen werden.[62] Prozesse kollektiver Identität in den ersten beiden Dimensionen (Grenzziehung, Bewusstseinsbildung) lassen sich in der Regel als Aushandlungsprozesse um die Bedeutung bzw. Hegemonie einzelner Collective-Action-Frames konzeptualisieren. Diese Collective-Action-Frames sind „purposively constructed guides to action created by existing or prospective movement organizers"[63]. Sie enthalten als handlungsleitende Frames eine Akteursbestimmung, in der durch inklusive und/oder exklusive Grenzziehungsprozesse die Subjekte des Handelns bestimmt werden. Zudem schließen sie als konzeptionelle Rahmungen eine Vorstellung der Bedingungen und Möglichkeiten sowie der Wege und Ziele des kollektiven Handelns mit ein.[64] Die dritte Dimension kollektiver Identität, alltägliche und kulturelle Praxen, ist meist nicht in strukturierenden Collective-Action-Frames enthalten. Es handelt sich um Framing-Prozesse, die eine umfassendere Bedeutung für die Aktivisten haben. Diese Frames können als „Commitment-Frames" bezeichnet werden. Darunter sind die kollektiv geteilten Vorstellungen und Rahmungskonzepte zu verstehen, in denen auf einer grundlegenden Ebene Konzepte politischen Handelns mit alltäglichen und kulturellen Praxen verbunden werden. Sie sind in besonderer Weise Ausdruck der Überzeugung, des „Commitment" der Aktivisten, das sie ihren Alltag und Lebensbereich einbeziehen. Deshalb können sie ein stabiles Fundament für das Fortbestehen der Bewegung schaffen.

---

[62] Vgl. Haunss (2004), S.76.
[63] Tarrow (1992), S.177.
[64] Vgl. Haunss (2004), S.76.

Sie spielen eine zentrale Rolle in Prozessen kollektiver Identität. Einerseits dienen sie dazu, bereits bestehende Bindungen der Aktivisten an die Bewegung durch eine affektive, persönliche Ebene zu vertiefen, und andererseits erleichtern sie den Zugang zur Bewegung, weil sie die Möglichkeit einer diffusen Identifikation ohne aktives Engagement ermöglichen.[65]

In Framing-Aktivitäten sind demnach, ob gewollt oder ungewollt, Identitätskonstruktionen mit enthalten. Frames binden Individuen und Gruppen an bestimmte Ideen. Sie schaffen und bestärken Identitäten durch Deutungsmuster, die die Akteure in Raum und Zeit situieren, ihnen Eigenschaften zuschreiben, dadurch in Beziehung zueinander stellen, und Strategien für gemeinsames Handeln entwickeln. Auch bewegungsexterne Frames, die sich auf die kollektive Identität beziehen, können diesbezüglich identitätsfördernd sein.[66]

Ausgehend von diesem Analysemodell soll nun im nächsten Teil geklärt werden, welche Prozesse kollektiver Identität bei Anonymous zu verorten sind und mit welchen Framing-Prozessen sie verbunden sind. Es sollen folglich Grenzziehungsprozesse, Bewusstseinsbildungsprozesse, und alltägliche und kulturelle Praxen von Anonymous als identitätstiftende Dimensionen analysiert werden. Die drei aus der Operationalisierung kollektiver Identität hervorgehenden Dimensionen des Modells sollten indes nicht als abgetrennte, voneinander losgelöste Bereiche angesehen werden,

---

[65] Vgl. Haunss (2004), S.264.
[66] Vgl. Hunt; Benford; Snow (2009), S.200.

sondern als ineinander fließende, verwobene Prozesse. Bewusstseinsbildungsprozesse im Sinne einer Festlegung von Zugehörigkeit können zum Beispiel gleichzeitig Grenzziehungsprozesse sein.

3. Die kollektive Identität und Frames von Anonymous

3.1. Grenzziehungsprozesse von Anonymous

Anonymous als offene, dezentral organisierte Kollektivität steht dafür, dass alle ohne Beschränkung teilhaben können am Informationsfluss, am Austausch, und dass alle Stimmen gleichwertig gehört werden. „Alle" bedeutet in diesem Sinne, dass Anonymous gar kein konstitutives Außen mehr hätte, es keine Kriterien der Zugehörigkeit gebe. Denn jede Form der Identität oder Repräsentation bedeutet Ausschlussmechanismen und Hierarchien, die im Widerspruch zur offenen Organisationsform des Kollektivs stehen.[67] Ein offener Anonymous Brief an den Fernsehmoderator Glenn Beck bringt den Gedanken auf den Punkt:

> „You see, Mr. Beck, we are not an organization. We have no leaders. We have no official spokesperson. We have no age, race, ethnicity, color, nationality or gender. Anyone who claims to speak for all of us is, quite frankly, a liar"[68]

Der Brief weist drei spezielle Eigenschaften von Anonymous auf. Erstens sollten rein theoretisch keine Formen von Zugehörigkeit existieren. Zweitens verlaufen Grenzziehungsprozesse von Anonymous aus diesem Grund oft exklusiv, indem betont wird, was

---

[67] Vgl Wiedemann (2012), S.206.
[68] Macnicol (2010).

Anonymous nicht ist. Und schließlich wird hier aufgrund des Fehlens von offiziellen Dokumenten oder Pressesprechern die Schwierigkeit deutlich, repräsentative Aussagen für die Gesamtheit der Mitglieder zu finden. Stellungnahmen wie im Brief an Beck sind stets dem Paradox ausgesetzt, dass niemand für alle Anhänger zu sprechen vermag. In diesem heißt es weiter: „We embrace everyone from all walks of life, from all corners of the earth, to join us in our quest to protect and further enhance [...] our rights to freedom of information and freedom of speech."[69] Wenngleich eine geographische und soziale Grenzziehung aufgrund des Internets und seiner Eigenschaften wie Anonymität und Transnationalität also unmöglich scheint, teilen die Anhänger möglicherweise psychologische Deutungsmuster und Werte wie Informations-und Meinungsfreiheit (im Internet). Diesbezüglich weist die Anthropologin Coleman darauf hin, dass Anonymous trotz seiner flexiblen, offenen und kurzlebigen Natur nicht wahllos, zufällig und schattenhaft agiert, sondern elementaren Werten folgt. Anhänger in unterschiedlichen Anonymous-Netzwerken fühlen sich Angelegenheiten wie Informationsfreiheit, Urheberrecht, Zensur und Überwachung im Netz verbunden.[70] Neben abweichenden Werten und Zielen bekunden alle Anonymous Gruppierungen in den sozialen Netzwerken, ob in Deutschland oder anderweitig, dass sie sich für Redefreiheit und Unabhängigkeit im Netz einsetzen.[71] Das

---

[69] Macnicol (2010).
[70] Vgl. Coleman (2011).
[71] Vgl. z.B. deutsche Facebookseite https://www.facebook.com/Anonymous.Kollektiv/info?tab=page_info.

Engagement für Freiheit im Internet könnte folglich als Master-Frame konzeptualisiert werden, von dem sich jegliche Aktionen und Collective-Action-Frames ableiten, wie noch gezeigt werden soll. Internetfreiheit ist das gemeinsame Deutungsmuster, das bestimmte Situationen als ungerecht identifiziert und dem Individuum damit Orientierungshilfen für soziales Handeln gibt. Es handelt sich eher um ein Elaborated Master-Frame, da es in flexibler Weise verschiedene Ideen wie Einsatz für Redefreiheit und freien Informationsfluss im Netz umschließt. Es ermöglicht dahingehend einen bei Anonymous zweifellos vorzufindenden hohen Inklusionsgrad verschiedener sozialer Gruppen (Männer, Frauen, Jugendliche, Hacker, Friedensaktivisten etc.) und dadurch breitere Mobilisierungschancen. Trotzdem kann man das Master Frame der Freiheit im Netz auch als Grenzziehungsprozess auffassen, der die Mitglieder von ihrer Umwelt und ihren Gegnern unterscheidet.

Jeder kann behaupten, Anonymous zu sein, da alle anonym sind. Wie soll man folglich Aussagen über das Kollektiv machen? Noch weitere Linien scheiden Anonymous von anderen. Maßgebend sind die technischen Strukturen, die Anonymous benutzt und das Kollektiv prägen. Beispielsweise nutzen Anhänger für Kommunikation und Mobilisation ausschließlich netzbasierte Methoden wie Internet Relay Chats (IRC), oder andere Internetplattformen wie Twitter und Facebook. Das Medium Internet ist kein reines Mittel zur Information, sondern Teil der Kollektivität selbst. Das sogenannte Digital Divide, das Unterschiede im Zugang zu und der Nutzung von Informations- und

Kommunikationstechnologie, insbesondere dem Internet, beschreibt, impliziert selbst soziale Grenzziehungen. Internetzugang und Internetaffinität variieren je nach Alter, Geschlecht, Einkommen, Ethnie, und Staat.[72] Somit beinhaltet das Internet eine Form passiver Grenzziehung zwischen mit dem Internet vertrauten möglichen Anonymous-Anhängern und allen anderen. Viel bedeutender für Prozesse kollektiver Identität sind jedoch aktive Grenzziehungen der Anonymous Mitglieder in den IRCs, den textbasierten Chat-Systemen, wo sich nahezu die Gesamtheit der Kooperation, Koordination, Kommunikation und Mobilisation von Anonymous abspielt. Abgesehen von der Tatsache, dass ohne entsprechende Fähigkeiten es unwahrscheinlich ist, dass jemand den Weg dorthin findet, sind in den IRCs noch andere Grenzziehungsprozesse zu verorten. Im Gegensatz zum Imageboard 4Chan wird hier nicht anonym, sondern mit Pseudonymen kommuniziert und bestimmte Administratoren haben mehr institutionelle Macht als andere. Sie können andere Personen aus dem Chat werfen oder gar verbannen. Pseudonymität erlaubt außerdem im Gegensatz zu Anonymität die Herausbildung von Hierarchien und Hegemonien in der Kommunikation. Die Meinung derjenigen, die mehr Zeit und Arbeit in die Chats investieren, hat demnach mehr Gewicht. Über technische Fähigkeiten und (zeitlichen) Aufwand verlaufen so intern Grenzziehungsprozesse, die Anons eine wichtigere Position verschaffen als anderen. Auch interne Grenzziehungen sind für die Herausbildung einer kollektiven Identität wesentlich, da sich

---

[72] Vgl. Castells, Kößler (2005), S.275.

Individuen mit einer bestimmten Aufgabe oder Verantwortung identifizieren. Außerdem gelten in Anonymous IRCs gewisse sprachliche und kulturelle Codes, die klare Grenzziehungen nach außen darstellen. Beispielsweise werden zum Teil rassistische und verachtende Begriffe verwendet, allerdings nicht des Rassismus wegen, der sicherlich auch in solchen Chats vorhanden sein kann, sondern um Leute abzuschrecken und fernzuhalten.[73] Die sprachliche Umgangsweise gehört neben anderen kulturellen Eigenheiten wie des Lulz und des Anti-Individualismus zu Merkmalen, die aktiv geschaffen wurden und Anonymous klar von der Umwelt unterscheiden.[74] Im dritten Teil der Analyse kollektiver Identität soll näher auf den Stellenwert kultureller Symbole und Prozesse eingegangen werden. IRCs und andere Koordinationskanäle von Anonymous sind eigene, aktiv gebildete Strukturen, die bei der Identifikation mit dem Kollektiv eine besondere Rolle spielen. Sie sind vergleichbar mit den von der Frauen- und Lesbenbewegung geschaffenen materiellen Einrichtungen wie Frauenzentren für Opfer sexueller Gewalt.[75] Materielle Grenzziehungen wie der Aufbau eigener Einrichtungen und Strukturen sind die figurativste, gegenständlichste Form von Ein- und Ausschließungsprozessen. Anonymous-Anhänger, zeigt sich, sind nicht wie oftmals von ihnen behauptet „[…] united as one and divided by zero-undefined and indefinable."[76] Sie folgen

---

[73] Vgl. Coleman (2011).
[74] Vgl Laaff (2011).
[75] Vgl. Taylor; Whittier (1992), S.112.
[76] Norton (2012).

bestimmten Prinzipien der Internetfreiheit, arbeiten in komplexen technischen Online-Räumen und sind von bestimmten ethischen und kulturellen Praxen geleitet.[77] Anonymous manifestiert, wenngleich in sehr breiter und durchlässiger Weise, durchaus inklusive Grenzziehungsprozesse.

Deutlicher formuliert Anonymous exklusive Grenzziehungsprozesse und verweist auf Individuen, Kollektive, Werte, Strukturen und Praxen, die mit der eigenen Identität in Konflikt stehen. Damit wird implizit auch die eigene kollektive Identität geformt und bestärkt.[78] Das diagnostic-Framing eines Collective-Action-Frames identifiziert also nicht nur das Problem und für die Situation schuldige Akteure, Prozesse und Strukturen, sondern erleichtert damit auch die Herausbildung einer eigenen kollektiven Identität in Abgrenzung dazu.[79] Im Falle der Geburtsstunde von Anonymous, der bis heute wohl prägendsten und größten Aktion namens „Chanology" wurde Scientology als schuldiger Akteur diagnostiziert. Der zugrundeliegende Framing-Prozess liegt nahe. Scientology als geheime, pseudowissenschaftliche Religion zensiert und verfolgt seine Kritiker. Es verkörpert den „evil Doppelgänger" von Anonymous und seiner Internetkultur, die auf Meinungs- und Informationsfreiheit basiert.[80] Die freie Online-Zirkulation eines inoffiziellen Tom Cruise Videos, in dem er über Scientology redet,

---

[77] Vgl. Coleman (2014), S.17.
[78] Vgl. Hunt; Benford ; Snow (2009), S.198.
[79] Vgl. ebd.
[80] Vgl. Coleman (2012).

wurde von Scientology gerichtlich bekämpft und war der Ausgangspunkt der „Chanology"-Proteste. Das diagnostic-Framing, welches Scientology als Gegner und Antagonisten darstellt, repräsentiert eine klare exklusive Grenzziehung und festigt damit kollektive Identität und interne Werte. Das Collective-Action-Frame gegen Scientology steht im Einklang mit dem bereits herausgearbeiteten Master-Frame der Netzfreiheit und hat dessen Herausbildung gewiss stark beeinflusst. Denn frühzeitige Collective-Action-Frames von Gemeinschaften bieten späteren Frames ideologische und interpretative Anhaltspunkte, nach denen sie sich meistens richten.[81] Das Master-Frame der Netzfreiheit basiert somit teilweise auf dem Collective-Action-Frame gegen Scientology, aber auch auf der Kultur des Webforums 4Chan, dem Entstehungsursprung von Anonymous. Kollektive Identität und Master-Frames von aufstrebenden Bewegungen stützen sich vor allem zu Beginn auf bereits existierende Strukturen und Werte, sie entstehen nicht einfach aus dem Nichts.[82] Nichtsdestotrotz grenzt sich Anonymous auch von 4Chan ab. Die 4Chan Kultur des Lulz und Trollens spielt weiterhin eine große Rolle, doch der riesige Zulauf an neuen Anonymous-Anhängern, neue Protestmethoden wie Demonstrationen (bis zu 8000 gegen Scientology), und neue Symbole (die Guy Fawkes-Maske zum Beispiel) deuten auf eine Veränderung hin. Aktionen lassen sich nicht mehr nur auf Spaß und

---

[81] Vgl. Snow; Benford (1992), S 145f.
[82] Vgl. Friedman; McAdam (1992), S.167.

Schadenfreude wie bei 4Chan reduzieren, sondern sind politisch motiviert.[83]

Im prognostic-Framing von Collective-Action-Frames, wo Bewusstseins-bildungsprozesse im besten Fall zu Lösungsstrategien führen, grenzt sich Anonymous überdies vom Staat und politischen Institutionen ab. Politische Institutionen und die vorgesehenen intentionellen Möglichkeiten für Kritik und Protest werden weitgehend abgelehnt, da sie als repräsentative Strukturen im Widerstand zur offenen, dezentralen Anonymous-Organisation stehen.[84] Die Abgrenzung zu institutionellen, formalisierten und staatlich regulierten Prozessen betont den losen, kurzlebigen und aktionsabhängigen Charakter der Anonymous-Mobilisierung und prägt die kollektive Identität des Kollektivs. Allgemein wird in der Bewegungsforschung davon ausgegangen, dass durch klar identifizierbare und starke Antagonisten der Zusammenhalt und die kollektive Identität gestärkt werden.[85] Je eindeutiger das diagnostic-Framing und je stärker der darin identifizierte Gegner, desto stärker kann die kollektive Identität von Anonymous eingeschätzt werden.

Grenzziehungsprozesse inklusiver oder exklusiver Art gehen nicht nur von Anonymous aus, sondern können auch das Ergebnis externer Zuschreibungen sein. Scientology und andere bezeichneten Anonymous als Form des Cyberterrorismus.[86] Externe Anschuldigungen solcher Art können intern zu

---

83 Vgl. Coleman (2011).
84 Vgl. Coleman (2012).
85 Vgl. Rucht (1995), S.20.
86 Vgl. Reißmann; Stöcker; Lischka (2012), S.71.

Bewusstseinsbildungsprozessen und im Anschluss daran zu Grenzziehungsprozessen führen und damit die kollektive Identität stützen. In diesem Fall betonte Anonymous den elementaren Humor und Spaßfaktor, der das Kollektiv von jeglicher Form des Terrorismus unterscheide.[87]

Ein Anonymous-Poster mit der Aussage „Nobody could say: you are in or you are out...you are in if you want to [be]"[88], spiegelt insgesamt nur die halbe Wahrheit wider. Die theoretische Annahme, Anonymous habe kein konstitutives Außen und keine Zugehörigkeitskriterien, muss relativiert werden. Einerseits weist Anonymous kaum soziale, geographische oder materielle Strukturen auf, die es von seiner Umwelt klar unterscheidet. Andererseits sind bei Anonymous psychologische Deutungsmuster wie das Master-Frame der Netzfreiheit, technische Strukturen wie der IRC und kulturelle Codes wie das Lulz zu verorten, die Grenzziehungsprozesse zur Umwelt darstellen. Zwar sind die Grenzen nicht unüberwindbarer Natur wie beispielsweise Geschlechtsgrenzziehungen in der Frauenbewegung, doch bedarf es durchaus einiger Anstrengung, um sich diesen als Außenstehender anzupassen. Des Weiteren werden durch diagnostic-framing von Collective-Action-Frames exklusiv Grenzen zu Antagonisten gebildet, die das Selbstbild des Kollektivs weiter präzisieren und bestärken. Grenzziehungsprozesse von Anonymous können folglich als Prozesse kollektiver Identität betrachtet werden.

---

[87] Vgl. Coleman (2014), S.15.
[88] Leung (2013), S.9.

3.2. Bewusstseinsbildungsprozesse von Anonymous

Trotz der engen Verbindung mit Grenzziehungsprozessen erschöpfen sich Bewusstseinsbildungsprozesse nicht durch die Festlegung von Zugehörigkeit. Vielmehr werden fortlaufend die Rolle der Bewegung reflektiert und theoretische Grundlagen, Interessen, Möglichkeiten und Erfahrungen diskutiert. Sie beziehen sich auf die von Melucci genannten aktiven Netzwerke als Voraussetzung kollektiver Identität. Bewusstseinsbildung findet in erster Linie durch Kommunikation statt, die bei Anonymous in den bereits erwähnten IRCs (Internet Relay Chats) abläuft, wo sich Anhänger in chaotischer und offener Weise über Anonymous Gedanken machen.

> „At any given time, a few thousand people are congregating on the Anonymous IRC channels, figuring out for themselves what it meant to be an anon. And together they embody whatever Anonymous is going to be that day."[89]

Die Chats ermöglichen den Anhängern aber auch außerhalb von Aktions- und Protestplanung die Sozialisierung mit anderen Teilnehmern. Dank der Online-Scheinidentität kann über alles ungehindert und vorurteilsfrei gesprochen werden, was Bindungen zwischen ihnen schafft und sie Gemeinsamkeiten erfahren lässt.[90] In einem offenen Anonymous-Brief an die Welt werden die Anfänge des Kollektivs beschrieben:

> „We have begun telling each other our own stories. Sharing our lives, our hopes, our dreams. [...]As we learn more about our global

---

[89] Norton (2012).
[90] Vgl. Leung (2013), S.10.

community a fundamental truth has been rediscovered: We are not so different as we may seem."[91]

Weiter heißt es, Anonymous sei die Idee des Wohls aller Menschen, das durch deren Informations- und Kommunikationsfreiheit gesichert werde. In diesem Bewusstseinsbildungsprozess lässt sich das Master-Frame verorten. In der „punctuating function" des Frames wird jeder Angriff auf die Informationsfreiheit, auf die Möglichkeit des unkontrollierten Austauschs über das Internet als ungerecht wahrgenommen und entsprechend als Angriff auf das Gemeinsame, auf die Basis der Kollektivität Anonymous. Textstücke wie der offene Brief an die Welt sind das Ergebnis von Bewusstseinsbildungsprozessen und gehen aus der anonymen Kooperation in den IRCs hervor. Kommt beispielsweise durch den fortlaufenden Austausch von Anhängern die Idee zu einem Brief auf, wird ein extra Chat-Raum geschaffen, dessen Adresse in den vorigen Chat-Raum gestellt wird. Daraufhin können alle, die Interesse haben, gemeinsam an einem offenen Dokument mitarbeiten. Das Ergebnis wird im ursprünglichen Chat veröffentlicht, wo es kommentiert, korrigiert und kritisiert wird. Anschließend an die Diskussion über die Qualität wird es dann nochmal zur Bearbeitung für alle geöffnet, bevor es als eine Art „Pressemitteilung" von Anonymous veröffentlicht wird.[92] Chatnetzwerke wie IRCs ermöglichen eine im besten Fall sehr inklusive Form der Bewusstseinsbildung. Im Vergleich zu traditionellen, institutionalisierten Bewegungen wie

---

[91] Wiedemann (2012), S.207.
[92] Vgl. Wiedemann (2014), S.156.

zum Beispiel Greenpeace können alle, obgleich in chaotischer und unübersichtlicher Weise, miteinander kommunizieren und jeder kann seine Meinung in die Ausarbeitung kollektiver Stellungnahmen mit einbringen. In gewissen Fällen führt das nicht zur Bewusstseinsbildung, da tausende im Chat aktive Personen einen stetigen Fluss an Kommentaren, Ideen, Fragen, Beobachtungen, Links und Witzen erzeugen, der keinen Konsens hervorbringt. In anderen Fällen kristallisieren sich hingegen klare Einschätzungen und Interessen heraus.

Beispielsweise wird fortlaufend der Anti-Individualismus als einer der grundlegenden Werte des Kollektivs untermauert. Kein Individuum kann für die Kollektivität als Ganze sprechen. Ein Anon namens „Coldblood", der ein Guardian Audio Interview gab[93], löste in den Foren und Chats heftige Diskussionen aus. Er wurde als Betrüger dargestellt und letztlich von den Administratoren aus dem IRC Netzwerk verbannt.[94]"Coldblood" ist nur ein Beispiel unter vielen anderen.

> „Participants remind each other with remarkable frequency that one should not behave like a leader, nor seek personal attention in the media, calling the practice 'name fagging' or 'leaderfagging'. If you do 'leaderfag', you most certainly will receive a private or public drubbing, and if you have called a lot of attention to yourself, then with a mere keystroke you might be instantly banished from IRC."[95]

Anti-Individualismus und die Ablehnung der Kundgebung der wahren, persönlichen Identität als theoretische Fundierungen des kollektiven Handelns von Anonymous werden in einem

---

[93] Vgl. Interview hier abrufbar: https://audioboom.com/boos/233905.
[94] Vgl. Coleman (2011).
[95] Ebd.

fortlaufenden Bewusstseinsbildungsprozess stetig neu bestätigt. In den Prozessen spiegelt sich gleichfalls eine Vorstellung über die Rolle des Kollektivs in der Gesellschaft wider. Anonymous soll der individualistischen Kultur der Gegenwart entgegenstehen.

Auch in Collective-Action-Frames von Anonymous sind Bewusstseins-bildungsprozesse enthalten. Als konzeptionelle Rahmungen umfassen sie eine Vorstellung über ideologische Fundierung, Möglichkeiten, Interessen, Wege und Ziele des kollektiven Handelns. Bei der Operation „Chanology" zogen sich am 17. Januar 2008 fünf Anons in einem privaten Chatkanal zurück, um eine Art Pressemitteilung zu verfassen, die erklären sollte, was es mit der Aktion gegen Scientology auf sich hatte. Sie diskutierten tagelang Inhalt und Form der Botschaft und luden am 21. Januar das bis heute mit über fünf Millionen Klicks meist gesehene Anonymous-Video ins Netz.[96] Das Collective-Action-Frame gegen Scientology weist sowohl ein diagnostic-Framing, die Identifikation des Problems und des Schuldigen (Scientology), als auch ein prognostic-Framing, Strategien zur Problembearbeitung und Lösungsvorschläge (zum Beispiel ein Video als mobilisierende Kampfansage) auf. Es löste zugleich eine Diskussion über Wege und Ziele kollektiven Handelns aus. In den IRCs wurde über Methoden des Protests debattiert. Sollte auch auf der Straße demonstriert oder wie bei 4Chan lediglich online agiert werden? Sollten auch illegale Protestmittel eingesetzt werden? Sollte auch in seriöser Weise protestiert werden oder das Lulz im Vordergrund stehen? Welche

---

[96]Vgl. Reißmann; Stöcker; Lischka (2012), S.54-56.

Symbole könnten die Anonymous Anhänger für den Protest verwenden (Guy-Fawkes-Maske)?[97] Das Collective-Action-Frame als interpretativer Rahmen des Handelns schloss diese Überlegungen ein und führte schließlich zu einer Erweiterung des Aktionsspektrums. Gegen Scientology demonstrierten Anons auf der Straße wie online, legal wie illegal, und auf seriöse wie humorvolle, schadenfreudige Weise.[98] Das Collective-Action-Frame kann hinsichtlich der Deutungsmuster von 4Chan als Frame-Extension konzeptualisiert werden, da Werte wie netzbasiertes Lulz zwar nicht ersetzt, aber hinsichtlich Werten und Interessen potentieller neuer Anhänger, der politischen „Chanology"-Aktivisten, erweitert wurden. Die Frame-Extension im Scientology-Protest führt bis heute zu Bewusstseinsbildungsprozessen bei Anonymous. Es herrschen seitdem verschiedene Vorstellungen über die Rolle des Kollektivs in der Gesellschaft. „Lulzfags" betonen den anarchistischen, humorvollen Spaßcharakter und kritisieren neue politisch motivierte Methoden und Aktionen der „moralfags", die vordergründig an gesellschaftlichen Wandel interessiert sind.[99] Das Frame „Chanology" sollte deutlich gemacht haben, dass dem Frame selbst wie dem Kollektiv Anonymous Bewusstseinsbildungsprozesse innewohnen.

Auch weitere Anonymous-Aktionen demonstrieren diese Prozesse. Die Operation „Payback" wurde zur Rachemission für die Webseite „Wikileaks", die unter Führung von Julian Assange 2010

---

[97] Vgl. Reißmann; Stöcker; Lischka (2012), S.61.
[98] Vgl. Coleman (2014), S.62.
[99] Vgl. Coleman (2014), S.68.

streng vertrauliche Dokumente, primär der US-Regierung, massenweise ins Netz stellte. Auf Druck der US-Regierung weigerten sich daraufhin „Mastercard" und „Visa", Zahlungen an Wikileaks weiterzuleiten, was den Zorn zahlreicher Anons weckte. Anonymous attackierte die Zahldienste mit sogenannten DDoS-Angriffen (Distributed Denial of Service). Darunter versteht man das durch technische Programme unterstützte massenhafte Abfragen einer Seite, bis die Systeme und „Server" überlastet sind und abstürzen. Das illegale Protestmittel führte zur stunden- bis tagelangen Nichtverfügbarkeit der Mastercard- und Paypal-Webseiten. Zu Spitzenzeiten versammelten sich bis zu 7000 Menschen in IRCs, diskutierten über neue Ziele und führten die Angriffe aus.[100] Auch dem Collective-Action-Frame der Operation „Payback", der Rache für Wikileaks, liegen bedeutende Bewusstseinsbildungsprozesse zugrunde. Im prognostic-Framing der Aktion werden neue Methoden wie DDoS-Angriffe besprochen und schließlich mehrheitlich angenommen. Außerdem wird durch das Unterstützen Wikileaks auch die Praxis des „Whistleblowing", die Veröffentlichung geheimer Dokumente, befürwortet. In Anlehnung an das Collective-Action-Frame „Chanology" und das Master-Frame der Netzfreiheit kann man hier von Frame-Bridging sprechen, da die neuen Methoden mit ursprünglichen Ideen der Internetfreiheit verwandt sind. Abgesehen von der internen Debatte, ob die Praxis des DDoS gut oder schlecht ist, reflektierten die Anons im prognostic-Framing der Operation „Payback" über ihre eigenen

---

[100] Vgl. Reißmann; Stöcker; Lischka (2012), S.136-137.

Möglichkeiten. Von unrealistischen, aussichtslosen Aktionen wie einem Angriff auf Facebook wurde sich abgewandt. Infolge der mit den DDoS-Attacken zusammenhängenden weltweiten Anonymous-Verhaftungen wurde außerdem über Wege beraten, staatlicher Kontrolle zu entgehen. Aus diesem Grund wurde ein Chatkanal gegründet, der neuen Anons erklärt, wie man anonym im Netz agiert.[101]

Als letztes Beispiel für die Bewusstseinsbildung der Anons ist die Operation „Tunisia" zu nennen, als Anonymous 2011 revolutionäre Kräfte in Tunesien unterstützte. Das Collective-Action-Frame ist deutlich umrissen. Die Situation in Tunesien wurde als ungerecht wahrgenommen (punctuating function), im diagnostic-Framing wurden Probleme und Schuldige identifiziert (Internetzensur, -kontrolle und -verfolgung des Staates), und im prognostic-Framing Lösungsstrategien ausgearbeitet (DDoS-Attacken auf staatliche Webseiten, Anonymitätshilfe für Revolutionäre). Dem Frame gehen jedoch fundamentale Bewusstseinsbildungsprozesse voraus. Neben neu entfachten Debatten über „lulzfags" und „moralfags" symbolisierte die Aktion eine neue Form des Menschenrechtsaktivismus' von Anonymous. Internetzensur spielte zwar eine Rolle, allerdings eine weit weniger vordergründige als bei vorherigen Operationen.[102] Die neue Akzentuierung kann entweder als Frame-Amplification, als Bestärken des bestehenden Frames, oder wiederum als Frame-

---

[101] Vgl. Reißmann; Stöcker; Lischka (2012), S.148.
[102] Vgl. Coleman (2011).

Extension aufgefasst werden, als Ausweiten des Frames hinsichtlich neuer potentieller Mitglieder. Die Tatsache, dass im Framing-Prozess ein symbolisch starker und scheinbar übermächtiger Antagonist (der tunesische Staat) ausgemacht wurde, könnte, wie im vorherigen Teil erläutert, zu einer Intensivierung der internen Kohäsion und Kollektivität geführt haben. Bei gegen den Staat gerichteten, radikalen Bewegungen, erhalten Medien eine elementare Rolle, da sie das Bild der Bewegung zeichnen.[103] Sich dessen besinnend, gründeten Anons außerdem einen eigenen Propagandakanal. Durch soziale Netzwerke wie Twitter und Facebook sollten Massenmedien aufmerksam gemacht und beeinflusst werden. Der Sturz des tunesischen Staatsoberhauptes Ben Ali löste in den IRCs unter den Anons Jubel aus. Sie beglückwünschten sich gegenseitig, als wären sie der entscheidende Akteur gewesen und fühlten sich in ihren Aktionen und Protestmitteln bestätigt.[104] Diese Form der kollektiven Erfahrung und des kollektiven Erfolgs ist für Bewusstseinsbildungsprozesse wesentlich. Sie verdeutlichen einen fortlaufenden kollektiven Selbstreflexionsprozess. Auch bei anderen Operationen wurden im Internet Fotos, Berichte und Chronologien von Operationen erstellt, die eine über das Ereignis hinausweisende soziale Erfahrungen schaffen und das kollektive Bewusstsein stärken sollten. Nichtsdestotrotz muss darauf verwiesen werden, dass die spontanen, ad hoc Aktionen und der anonyme, offene Kommunikationsstil von

---

[103] Vgl. Johnston; Larana; Gusfield (1994), S.19.
[104] Vgl. Cook; Chen (2011).

Anonymous oft zur Folge haben, dass Beteiligte sich nach den Ereignissen überhaupt nicht mehr identifizieren können, geschweige denn kommunizieren.[105]

Anonymous weist durch sein breites und offenes Kommunikationsnetzwerk ein großes Potential alltäglicher Kommunikation und Interaktion zwischen den Anhängern auf, das das Fundament von Bewusstseinsbildungsprozessen konstituiert. Durch diverse Collective-Action-Frames und Frame-Alignment Prozesse (Frame-Bridging und -Extension) im Zuge diverser Aktionen konnte ferner veranschaulicht werden, das ein kollektives Bewusstsein nicht nur herausgebildet, sondern auch stets neu reflektiert und erneuert wurde. Dabei sollte nicht vergessen werden, dass die bei den Operationen entstandenen Denkmuster nur von denen geteilt werden, die sich daran beteiligen. Es handelt sich bei den interpretativen Rahmungen der Collective-Action-Frames nicht um übergeordnete, alle Anonymous Anhänger einschließende Prozesse. Lediglich die dem breit ausgelegten Master-Frame der Netzfreiheit zugrunde liegenden Bewusstseinsbildungsprozesse, die Werte wie Anti-Individualismus und die dezentrale Organisationsform hervorbrachten, sind allgemeingültig. Ganz abgesehen davon, dass Anonymität, fehlende Hierarchien, offene und chaotische Kommunikation sowie ungenaue Grenzziehungsprozesse bei Anonymous meistens in Streit, Differenzen und Unverständnis und nicht kollektivem Bewusstsein resultieren.

---

[105] Vgl. Reißmann; Stöcker;Lischka (2012), S.101.

3.3. Kulturelle Symbole und Praxen von Anonymous

Kulturelle Symbole und Praxen eines Kollektivs sind in besonderer Weise identitätsstiftend, da sie alltägliche Elemente der Teilnehmer berücksichtigen. Dadurch binden sie Menschen auf einer persönlichen Ebene affektiv an die Gemeinschaft und stellen ein stabiles Fundament für kollektive Identität her. So verweist Melucci darauf, dass kollektive Identität über eine kognitive Dimension geteilter Deutungsmuster hinaus auf ein gewisses Maß emotionaler Investition angewiesen ist.[106] Kulturelle Prozesse und Symbole vereinfachen in diesem Sinne Inhalte und Überzeugungen, machen sie emotional ansprechend und gleichermaßen anschlussfähig für Außenstehende. Bei der Analyse kollektiver Identität von Anti-Corporate-Kampagnen fasst März vor allem Logos, Slogans, und die Strategie des „Rebrandings", das ironische Umcodieren einer Marke, als kulturelle Symbole und Prozesse der Kampagnen auf.[107] Taylor und Whittier hingegen machen bei der Frauen- und Lesbenbewegung bestimmte Sprachmuster, Kleidungsstile und sexuelle Präferenzen als bewegungsinterne kulturelle Praxen aus.[108] Wie in Teil 1.2. erwähnt, sind in Alltagshandlungen eingebettete, kollektive kulturelle Prozesse auf transnationaler Ebene besonders schwer realisierbar.

Das eingangs erwähnte Lulz, das Vergnügen an spielerischen, sinnlosen Aktionen, ist zweifelsohne ein zentrales kulturelles Element von Anonymous. Auch seine politischen Aktivitäten sind

---

[106] Vgl. Haunss (2004), S.64.
[107] Vgl. März (2010), S.191.
[108] Vgl. Taylor; Whittier (1992), S.120.

von einem „kollektiven Unfug-Gedanken"[109] getrieben und eng mit der Kultur des Online Webforums 4Chan verbunden. Dies wird zum Beispiel bei den Anti-Scientology Protesten durch Poster mit Fotomontagen von Katzen oder durch Telefonstreiche illustriert, bei denen Anons tausende Pizzen zum Scientology-Hauptquartier bestellten.[110] Das Lulz kann demnach als Commitment-Frame konzeptualisiert werden. Es verkörpert ein kollektiv geteiltes Rahmungskonzept, in dem auf einer grundlegenden Ebene politisches Handeln mit alltäglichen und kulturellen Praxen verbunden wird. Commitment-Frames sind durch die Verknüpfung mit dem Lebensstil der Anhänger in besonderer Weise Ausdruck deren Überzeugung und maßgebend für die Herausbildung einer kollektiven Identität. Dieser identitätsstiftenden Rolle wird das Lulz gerecht:

> „Lulz ist das, was Anonymous ausmacht. Ihre tägliche Interaktion basiert auf Kommunikation wie: Hey, look at this lulzy thing. In einem Umfeld, in dem so viel anonym bleibt und es nicht um Individuen geht, ist Lulz ein Anker für Identität."[111]

Das Lulz prägt die Gemütsart des Kollektivs und erfährt eine große mediale Aufmerksamkeit, indem es humorvolle und zuweilen schockierende Tatsachen oder Bilder produziert. Darum kann es zwar durchaus die Ernsthaftigkeit von Aktivitäten unterwandern, hingegen auch deren Reichweite und Mobilisierungschancen vergrößern. In jedem Fall liegen die Wurzeln von Anonymous im

---

[109] Vgl. Coleman (2012).
[110] Vgl. Reißmann; Stöcker; Lischka (2012), S.64ff.
[111] Laaff (2011).

Bekenntnis zu Lulz. Vor der Operation „Chanology" ging es bei auf 4Chan geplanten Aktionen nur um Spaß, Unfug und Schadenfreude und weniger um moralische oder politische Motive. Inzwischen hat sich Anonymous, in Folge von Bewusstseinsbildungs- und Grenzziehungsprozessen, von 4Chan und Aktivitäten nur des Lulz willens abgegrenzt, da die Späße oft nur von Ihresgleichen als Solche gesehen und wahrgenommen werden.[112] Politische Botschaften müssen jedoch von vielen verstanden und gehört werden. Dennoch sind Anonymous und seine Aktivitäten weiterhin eng mit der Kultur eines Webforums wie 4Chan und dem Lulz verbunden.[113] Dies veranschaulichen immer wiederkehrende Konflikte und Bewusstseinsbildungsprozesse zwischen „moralfags" und „lulzfags", wobei letztere eine stärkere Rückbesinnung auf den Spaßfaktor fordern.[114]

Auch andere kulturelle Eigenheiten von Anonymous, die primär mit der Organisations- und Kommunikationsform zusammenhängen und auf dem Webforum 4Chan basieren, können als Commitment-Frames betrachtet werden. Wegweisend ist hierbei die Ablehnung von Identität und Repräsentation. „Anonymous offers a provocative antithesis to the logic of constant self-publication, the desire to attain recognition or fame. The ethos of Anonymous is in opposition to celebrity, with the group configured as 'e pluribus unum'."[115] Das Konzept der Anonymität ist sozusagen das

---

[112] Vgl. ebd.
[113] Vgl. Coleman (2012).
[114] Vgl. Coleman (2014), S.62; S.68.
[115] Coleman (2012).

Herzstück der Bewegung, um das die Organisationsstruktur gebildet wurde. IRCs und andere Koordinationskanäle verhindern gewiss nicht jede Form der Hierarchie und der identitären Wiedererkennung (durch Pseudonyme), sie machen Repräsentation von Meinungen und Identitäten durch ihre teils chaotische Struktur allerdings zu einem schweren Unterfangen. Zumal sich Anons ohnehin in Bewusstseinsbildungsprozessen fortlaufend gegen Individualisten, „namefags" oder „leaderfags" aussprechen und sich daraufhin in Grenzziehungsprozessen klar gegen sie positionieren, wie in den Teilen 3.1. und 3.2. aufgezeigt wurde. Diese von den Anons verinnerlichten Werte schlagen eine Brücke zwischen ihrem alltäglichen Lebensstil (anonyme Online-Kommunikation auf Webseiten wie 4Chan) und den Handlungen (anonyme Koordination, anonyme Angriffe etc.) von Anonymous. Insofern festigen sie die kollektive Identität des Kollektivs. „Hiding one's identity was seen as not only a necessary precaution however, but also a cultural obligation that inextricably bound them together."[116] Zusammen mit dem in den Grenzziehungsprozessen erwähnten besonders offenen und brüsken Sprachstil des Kollektivs bilden das Lulz, sowie Werte der Anonymität und des Anti-Individualismus geteilte Rahmungskonzepte der Anonymous-Anhänger, die kollektives Handeln in kulturelle Prozesse einbetten (Commitment-Frames). Sie entstammen allesamt dem Imageboard 4Chan, dessen Struktur in 1.1 kurz illustriert worden ist.

---

[116] Leung (2013), S.10.

Im Zuge seines Herauslösens aus 4Chan und der bereits veranschaulichten Erweiterung der kollektiven Deutungsmuster (Frame-Alignment) hat Anonymous eigene Symbole und kulturelle Praxen entwickelt. Das bekannteste Anonymous Symbol ist wohl die Guy-Fawkes-Maske. Guy Fawkes war ein katholischer Fanatiker, der 1605 als Protest gegen die Ächtung seiner Konfession einen Anschlag auf das englische Parlament und den englischen König James I. verüben wollte, der verhindert werden konnte. Die Maske kreierte der Zeichner David Lloyd für den Protagonisten „V" der von Hollywood verfilmten Comicserie „V wie Vendetta".[117] Dort verkörpert „V" einen ambivalenten Charakter. Freiheitskämpfer gegen ein faschistisches Regime, steht er ebenso für Anarchie und Selbstjustiz. Neben dem offensichtlichen Symbol des Widerstands entspricht die Maske den von Anons geteilten Werten insofern, als dass sie Identität verbirgt und in den Hintergrund rückt. Masken erfüllen in diesem Hinblick eine Doppelfunktion: Das gleichzeitige Verhüllen und Darstellen eines Gesichts.[118] Sie verwandelt dahingehend die Identität: „The notions of face and mask can be linked to an interactants understanding of a particular identity that he or she wishes to propose in a particular situation."[119] Anonymous Aktivisten verbergen sich folglich nicht nur durch die Guy-Fawkes-Maske, sondern nehmen willentlich eine neue Identität an, was Zusammengehörigkeitsgefühle zwischen ihnen schafft.[120] Die Maske

---

[117] Vgl. Reißmann; Stöcker; Lischka (2012), S.93.
[118] Vgl. Ackermann (2011), S.63.
[119] Ebd.
[120] Vgl. Reißmann; Stöcker; Lischka (2012), S.97.

ähnelt in ihrer Funktion den Pseudonymen in den IRCs. Individuelle Identität wird abgelegt und eine Scheinidentität angenommen. Da hingegen auf den Demonstrationen alle maskierten Anons die gleiche Identität annehmen, fordert die Maske in besonderem Maße die Herausbildung kollektiver Identität. Sie ist ein weiteres Beispiel dafür, dass politisches Handeln bei Anonymous mit kulturellen Praxen, der Ablegung der Identität, verbunden ist, was das zuvor genannte Commitment-Frame der Anonymität bestärkt. Das Anonymous-Logo und Erkennungszeichen der kopflosen Person im Anzug vermittelt eine ähnliche Symbolik. Die Identität der Person ist unbekannt. Ferner weist der fehlende Kopf auf das Fehlen einer Hierarchie und das führerlose Wesen des Kollektivs hin. Anonymous hat also eine Art eigener Ikonographie entwickelt.[121]

Weitere kulturelle Symbole und Prozesse sind bei Anonymous zu verorten: Die anfangs geschilderte Beschwörungsformel „We are Anonymous. We are Legion etc.". Die in den Videos immer wiederkehrenden Motive wie der eingefärbte Wolkenhimmel im Zeitraffer. Die dramatische Musik sowie die elektronisch synthetisierte, monotone Stimme in den Videos. Bestimmte Sonderzeichen in Manifesten, Flugblättern und Bekennerschreiben. Gewisse Strategien wie DDoS-Angriffe.[122] Der politische Aktivismus von Anonymous beruht auf einer Vielzahl kultureller Praxen und Symboliken, die von einer starken internen kulturellen Kohäsion zeugen.[123] Diese wird durch alltägliche

---

[121] Vgl. Coleman (2011).
[122] Vgl. Reißmann; Stöcker; Lischka (2012), S.102ff.
[123] Vgl. Coleman (2014), S.373.

Interaktion in IRCs geschaffen, wo Anhänger auch in Zeiten keinerlei politischer Aktivitäten über Fotos, Videos und andere Beiträge, genau wie im Webforum 4Chan, diskutieren. Es gehört zur Lebensweise einem Großteil der Anhänger, viel Zeit im Netz zu verbringen und sich dort auszutauschen, zu verständigen und anderweitig aktiv zu werden.[124] Anonymous gründet daher in starker Weise auf alltagspraktischen Elementen und dem „Commitment" der Anons, deren politisches Handeln in hohem Maße an ihren Lebensstil und Alltag gekuppelt ist. Allerdings darf auch nicht unerwähnt bleiben, dass im Zuge der Veränderungen der geteilten Deutungsmuster des Kollektivs (Frame-Alignment) sich immer mehr Teilnehmer widerfinden, die sich schwarmartig bei Aktionen beteiligen und nach Operationen Anonymous-Strukturen wie IRCs direkt wieder verlassen. Dennoch ist Anonymous derart in kulturellen Prozessen verankert, dass das Kollektiv auch als Kultur bezeichnet wird:

> „It doesn't have a founding philosopher or manifesto; there's no pledge or creed. It's true that Anonymous does have a politics, but it's hardly a specific platform-just a support for online freedom and a rage at anyone who tries to curtail it. No, what Anonymous has become, in reality, is a culture, one with its own distinctive iconography [...], its own self-referential memes, its own coarse sense of humor."[125]

Das kulturelle Fundament von Anonymous basiert dabei zum einen auf dem Entstehungsursprung 4Chan, wie verschiedene Commitment-Frames illustrieren. Zum anderen aber auch auf fundamentalen Prinzipien der erläuterten Hackerethik wie

---

[124] Vgl. Reißmann; Stöcker; Lischka (2012), S.76.
[125] Coleman (2011).

persönlichem Spaß an Kreativität, symbolisiert durch das Lulz, ungehemmter Kommunikation und Informalität, bestens veranschaulicht in IRCs, oder Meinungsfreiheit im Netz, verkörpert durch das Master-Frame der Netzfreiheit. Dessen ungeachtet sind wenige Anons echte Hacker und andere Hackergruppen distanzierten sich oftmals von teilweise verantwortungslosen Anonymous-Aktivitäten.[126] Schließlich wurde die Mehrzahl der kulturellen Symbole und Prozesse in Anonymous-eigenen, alltäglichen Kommunikations- und Interaktionskanälen wie IRCs geschaffen. Kritisch ist trotz der unbestreitbaren wichtigen kulturellen und alltäglichen Komponente des Kollektivs zu beurteilen, inwiefern mangelnde Grenzziehungen, also die offene und inklusive Natur von Anonymous, die Bedeutung der kulturellen Prozesse für kollektive Identitätsbildung verwässern könnte. Das Symbol der Guy-Fawkes-Maske wurde beispielsweise auch von der globalisierungskritischen Occupy-Bewegung übernommen. Eine zu starke Verbreitung der kulturellen Symbole und Prozesse lässt Grenzen zwischen dem Kollektiv und seiner Umwelt verschwimmen und gilt allgemein als Zeichen des Niedergangs einer Bewegung.[127] Andererseits würde das im Einklang mit einem der grundlegendsten theoretischen Prinzipien von Anonymous stehen: „Nobody can say: you are in or you are out…you are in if you want to [be]".[128]

---

[126] Vgl. Reißmann; Stöcker; Lischka (2012), S.215; S.60.
[127] Vgl. Friedman; McAdam (1992), S.167.
[128] Leung (2013), S.9.

Fazit

Anonymous ist aufgrund seiner Dynamik, Vielfältigkeit und Undurchsichtigkeit außergewöhnlich schwierig zu verstehen und analysieren. Es scheint daher wenig verwunderlich, dass in den Medien Definitionen und Beschreibungen des Kollektivs auseinandergehen und wissenschaftlichere Literatur eher davon absieht, Anonymous mithilfe geisteswissenschaftlicher Kategorien und Konzepte darzustellen. Insofern muss nochmal betont werden, dass es in diesem Beitrag nicht vordergründig darum geht, das Wesen von Anonymous zu bestimmen oder zu benennen. Vielmehr sollte untersucht werden, ob Prozesse kollektiver Identität in Form von Grenzziehungs-, Bewusstseinsbildungs- und kulturellen Prozessen bei Anonymous zu verorten sind, die zu einem besseren Verständnis von Anonymous und seinen Eigenheiten führen könnten. Wobei angemerkt werden muss, dass die in der Arbeit identifizierten Grenzziehungen, Bewusstseinsbildungen und kulturellen Symbole und Praxen keinesfalls erschöpfende Darstellungen dieser Prozesse sind. In einer losen, offenen und globalen Struktur wie Anonymous eine solche anzustreben, wäre ohnehin wenig aussichtsreich. Gleichwohl geht damit einher, dass mögliche Rückschlüsse aus der Analyse nur mit großer Vorsicht zu ziehen sind.

Die Untersuchung der Prozesse kollektiver Identität bei Anonymous dokumentiert, dass Anonymous Prozesse kollektiver Identität innewohnen. Das Kollektiv weist, entgegen interner oder externer Behauptungen, durchaus Grenzziehungsprozesse auf. Allein seine technischen Kommunikations- und Interaktionsstrukturen weisen gewisse Ausschlussmechanismen sozialer Art auf. Wichtiger sind jedoch psychologische Deutungsmuster in Form eines klaren Bekenntnisses zur Netzfreiheit und kulturell geteilte Rahmungen, die Anonymous-Anhänger von der Umwelt unterscheiden. Nicht selten grenzt sich das Kollektiv außerdem in exklusiver Weise von Strukturen, Prozessen oder Personen ab und prägt damit ein inhärentes Wertesystem. Es handelt sich indes nicht um formale Mitgliedschaftskriterien oder unverrückbare soziale, materielle oder geographische Zugehörigkeitsmerkmale wie das Geschlecht oder der Wohnsitz. Dementsprechend bildet Anonymous zwar gewisse Wir-Konstruktionen und ein konstitutives Außen heraus, diese sind allerdings als äußerst offen und flexibel zu bewerten.

Das netzbasierte, breitgefächerte und offene Kommunikationsnetzwerk von Anonymous ermöglicht den Anhängern über Ländergrenzen hinweg ein hohes Maß an alltäglicher Kommunikation und Interaktion. Dies führt in diversen Fällen zu Bewusstseinsbildungsprozessen, in denen sich Teilnehmer über die Rolle der Bewegung in der Gesellschaft austauschen, theoretische Grundlagen diskutieren, gemeinsame Interessen realisieren und formulieren sowie kollektive Erfahrungen und Möglichkeiten einschätzen. Dadurch wird nicht nur ein kollektives Bewusstsein geschaffen, sondern auch fortlaufend reflektiert und erneuert. Hingegen handelt es sich in nur seltenen Fällen um von der Gesamtheit der Anhänger geteilte Denkmuster. Meistens finden Bewusst-seinsbildungsprozesse in abgetrennten, internen

Gruppierungen statt, die untereinander wesentliche Differenzen aufweisen. Zudem führen Anonymität, fehlende Hierarchien, mangelnde Grenzziehungen und die offene, chaotische Kommunikationsform des Öfteren eher zu Streit und Unverständnis als zu kollektivem Bewusstsein. Dennoch ist Anonymous, angetrieben von massenhafter und ungehemmter Kommunikation, ein gutes Beispiel für aktive Netzwerke und Bewusstseinsbildungsprozessen zwischen den Anhängern.

Des Weiteren hat die Analyse offenbart, dass der politische Aktivismus von Anonymous in erheblichem Maße von kulturellen Prozessen und Symbolen durchzogen ist. Diese Prozesse gründen auf alltagspraktischen Elementen, der Lebensweise der Anhänger, die mit den politischen Strategien des Kollektivs eng verknüpft ist. Das Engagement der Anhänger ist in vielen Fällen integraler Teil des Alltags, und umgekehrt ist dieser Ausgangspunkt des kollektiven politischen Handelns. Das zeugt nicht nur von einer starken internen kulturellen Kohäsion der Anhänger, sondern bindet sie affektiv an das Kollektiv, was für Herausbildung einer kollektiven Identität unabdingbar ist. Die Verbindung zwischen politischer Handlung und Lebensweise wird durch den massenhaften Zulauf an neuen Anhängern im Zuge der Aktivitäten auf die Probe gestellt. Genau wie die Verbreitung kultureller Symbole wie der Guy-Fawkes-Maske über Grenzen des Kollektivs hinaus ändert das jedoch nur wenig an der herausragenden Stellung kultureller Symbole und Praxen bei Anonymous. Mithilfe eines Analysekonzepts aus der Bewegungsforschung konnte veranschaulicht werden, inwiefern

Anonymous Prozesse kollektiver Identität einschließt. Die Existenz von Grenzziehungs-, Bewusstseinsbildungs-, und kulturellen Prozessen ist unbestreitbar und konnte durch zahlreiche Beispiele illustriert werden.

Anonymous, das Ideen der Identität theoretisch ablehnt und diese durch Anonymität und Virtualität zu verschleiern versucht, bildet dementsprechend eine eigene kollektive Identität heraus. Worauf die erwiesene kollektive Identität beruht und wie Stabilität und Bindungswirkung einzuschätzen sind, kann nur gemutmaßt werden. Allerdings spricht die große Zahl kultureller Symbole und Prozesse dafür, dass Anhänger in erster Linie affektiv an das Kollektiv gebunden sind. Die starke Integration der politischen Aktionen in der Lebensweise der Aktivisten manifestiert, dass sich Anhänger vor allem mit alltagspraktischen, kulturellen und symbolischen Elementen des Kollektivs identifizieren und dahingehend emotional gebunden sind. Zumal auf der kognitiven Ebene Grenzziehungen meist unscharf formuliert werden und Bewusstseinsbildungsprozesse stellenweise eher zu Differenzen und Konflikten führen als zu kollektiv geteilten Interpretationsrahmen. In anderen Worten:

> „Das ist die eine Wahrheit: Es gibt konkrete Ziele, konkrete Anliegen, hinter denen sich die Anons versammeln, für die sie eintreten, sei es mit einem Mausklick oder der Beteiligung an einer DDoS-Attacke. Die andere Wahrheit ist: Das Einzige, was all die womöglich Hunderttausende Sympathisanten der Marke Anonymous verbindet, sind die Zeichen, die Symbole, die Sprache, die Witze, ein diffuses Gefühl der Verbundenheit, das Ideal eines freien, unreglementierten Internets und der uneingeschränkt freien Rede."[129]

Geht man also davon aus, dass kulturelle Prozesse und Symbole bei Anonymous in besonders ausgeprägter Weise vorzufinden sind, kann die Basis seiner kollektiven Identität als stabil und äußerst bindungsfähig angesehen werden. In diversen Untersuchungen wurde der zentrale Stellenwert der Verbindung von Alltagspraxen und politischen Strategien für Prozesse kollektiver Identität hervorgehoben.[130] So ist auch die Anonymous-Anthropologin Coleman der Ansicht, dass „[a] robust collective memory and identity has nevertheless formed around legendary trolling campaigns, all sorts of insider jokes, and artifacts like image macros."[131] Die kollektive Identität von Anonymous gründet demzufolge besonders auf kulturellen Symbolen und Praxen und könnte daher als außerordentlich bindend und resistent eingeschätzt werden.

Das Vorhandensein einer kollektiven Identität wirft die Frage auf, ob Anonymous eine neue soziale Bewegung verkörpert. In diesem Sinne ist ein zentraler Aspekt, die kollektive Identitätsfindung als Ausgangspunkt der Mobilisierung, bereits erfüllt. Auch andere in Kapitel 1.2 vorgestellte Charakteristika neuer sozialer Bewegungen wie eine dezentrale, zerstreute Organisationsform, eine fehlende Klassenstruktur oder radikale Mobilisierungsstrategien scheinen auf den ersten Blick mit Anonymous übereinzustimmen. Aufgrund seiner schwer zu analysierbaren Eigenheiten wie der offenen Kommunikationsstruktur

---

[129] Reißmann; Stöcker; Lischka (2012), S.106.
[130] Vgl Haunss (2004), S.263.
[131] Coleman (2014), S.44.

und fehlender repräsentativer Aussagen sollte das Kollektiv allerdings nicht vorschnell mit zeitgenössischen Bewegungen wie der Friedens- oder Antikernkraftbewegung in Verbindung gebracht werden. Weitere empirische Forschung hinsichtlich Merkmale neuer sozialer Bewegungen muss hier betrieben werden, um Anonymous diesen zuschreiben zu können. Die Analyse der schwer konzeptualisierbaren kollektiven Identität als Herzstück des Ansatzes neuer sozialer Bewegungen kann dafür sicherlich als geeigneter Ausgangspunkt dienen.

Im Hinblick auf Transnationalität konnte durch die Analyse gezeigt werden, dass selbst ein locker strukturiertes, kaum hierarchisiertes und über Ländergrenzen hinweg operierendes Kollektiv eine kollektive Identität herausbilden kann. Vor allem die starke kulturelle Kohäsion der Anonymous-Anhänger widerlegt dabei elementare Postulate der transnationalen Bewegungsforschung.[132]

Anonymous stellt außerdem zentrale Thesen der Rolle des Internets in sozialen Bewegungen oder bei der Herausbildung einer kollektiven Identität auf die Probe. Das Netz dient bei Anonymous nicht nur bestimmten Medienfunktionen wie der logistischen Funktion der Protestmobilisierung, sondern definiert das Kollektiv. Es ist der Ausgangspunkt, auf dem sowohl kognitiv geteilte Deutungsmuster als auch kulturelle Symbole und Prozesse basieren, die in einer nicht-virtuellen Welt nicht existenzfähig wären. Insofern steht Anonymous im Widerspruch zu den in Kapitel 1.2. dargelegten

---

[132] Vgl. Kapitel 1.2.

Annahmen über die Möglichkeiten und die Rolle des Internets in sozialen Bewegungen, vorausgesetzt man definiert Anonymous als eine solche. Dann könnte das Kollektiv auch als erste, praktisch rein virtuell stattfindende soziale Bewegung bezeichnet werden. Ferner wäre das fast ausschließlich im virtuellen Raum erfolgte Herausbilden einer kollektiven Identität ein Novum. Anonymous ist ein gutes Beispiel dafür, dass netzbasierte Kommunikation, einhergehend mit Scheinidentitäten, auch ohne persönliche Beziehungen kollektive Identität schaffen, fördern und bestärken kann.

Schließlich sei an dieser Stelle angemerkt, dass sowohl der von Taylor und Whittier entwickelte dreiteilige Analyserahmen als auch dessen Verbindung mit dem Framing-Ansatz als äußert hilfreiche Modelle und Konzepte für das schwer greifbare Phänomen der kollektiven Identität bestätigt werden konnten. Sie erlauben sogar wissenschaftlich fundierte Rückschlüsse über Kollektive wie Anonymous, die hinsichtlich ihrer Natur als soziale Bewegungen erst noch untersucht werden müssen.

Die nachweisbare kollektive Identität von Anonymous wirft nicht nur bewegungstheoretische Fragen nach der Bedeutung des Internets in sozialen Bewegungen und in Prozessen kollektiver Identität und den daraus resultierenden Folgen für Organisationsform und andere Charakteristika neuer (neuer) sozialer Bewegungen auf. Die Verweigerung von Identität und Repräsentation in der Anonymität, die dennoch in eine kollektive Identität mündet, kann ganz allgemein neue Perspektiven auf poststrukturalistische Figuren des Widerstands, auf neue, offene, repräsentationslose Formen von Kollektivitäten inmitten der Krise der Repräsentation bieten. So entsprechen gewisse Ideen von Anonymous neuen poststrukturalistischen Konzepten der politischen Theorie wie der Theorie der Multitude, die als „[…] Assoziation einer Vielfalt heterogener, nicht hierarchisch angeordneter Akteure, die sich weder auf eine übergeordnete Instanz noch auf die Selbstvergewisserung über identitäre Positionen kollektiver Subjektivitäten beruft"[133] beschrieben wird. Nicht ohne Grund tritt Anonymous als technologiegestütztes Kollektiv mit dem Selbstverständnis auf, die Avantgarde einer künftigen Organisationsform zu sein: „We do not believe that a similar movement exists in the world today and as such we have to learn by trial and error."[134]

Quellen- und Literaturverzeichnis

Ackermann, Judith (2011): Masken und Maskierungsstrategien. Identität und Identifikation im Netz. In: Anastasiadis, Mario; Thimm, Caja (Hg.): Social Media. Theorie und Praxis digitaler Sozialitaet. Frankfurt: Peter Lang (Bonner Beiträge zur Medienwissenschaft, Bd. 10), S.61-87.

Bardeau, Frédéric; Danet, Nicolas (2012): Anonymous. Von der Spaßbewegung zur Medienguerilla. Münster: Unrast.

Bennett, Lance (2003): Communicating Global Activism: Strenghts and Vulnerabilities of Networked Politics. University of Washington, USA. Online verfügbar unter

---

[133] Zit. nach Wiedemann (2012), S.207.
[134] Zit. Nach Herwig (2012), S.190.

https://depts.washington.edu/gcp/pdf/newcomglobalactivism.pdf, zuletzt geprüft am 28.07.2015.

Castells, Manuel; Kößler, Reinhart (2005): Die Internet-Galaxie. Internet, Wirtschaft und Gesellschaft. Wiesbaden: VS Verl. für Sozialwiss. Online verfügbar unter http://www.socialnet.de/rezensionen/isbn.php?isbn=978-3-8100-3593-6.

Chen, Yin-Zu (2005): Transnationale Bewegungsnetzwerke und lokale Mobilisierungen in Lateinamerika und der Karibik: Organisationen - Strategien - Einflüsse. Inauguraldissertation. Ruhr-Universität Bochum, Bochum. Online verfügbar unter http://www-brs.ub.ruhr-uni-bochum.de/netahtml/HSS/Diss/ChenYinZu/diss.pdf, zuletzt geprüft am 18.07.2015.

Coleman, E. Gabriella (2011): Anonymous: From the Lulz to Collective Action. In: The new everyday. A media commons project, 06.04.2011. Online verfügbar unter http://mediacommons.futureofthebook.org/tne/pieces/anonymous-lulz-collective-action, zuletzt geprüft am 12.05.2015.

Coleman, E. Gabriella (2012): Our weirdness is free. The logic of Anonymous-online army, agent of chaos, and seeker of justice. Online verfügbar unter http://canopycanopycanopy.com/issues/15/contents/our_weirdness_is_free, zuletzt geprüft am 18.07.2015.

Coleman, E. Gabriella (2014): Hacker, hoaxer, whistleblower, spy. The many faces of Anonymous. London: Verso.

Cook, John; Chen, Adrian (2011): Inside Anonymous' Secret War Room. Gawker. Online verfügbar unter http://gawker.com/5783173/inside-anonymous-secret-war-room, zuletzt geprüft am 18.07.2015.

Cottle, Simon; Lester, Libby (Hg.) (2011): Transnational protests and the media. New York: Lang (Global crises and the media, 10).

Daphi, Priska (2011): Soziale Bewegungen und kollektive Identität. Forschungsstand und Forschungslücken. In: Forschungsjournal Soziale Bewegungen 24 (4), S. 13–26.

Diener, Andrea (2015): Hacker wie du und ich. Die Konferenz Re:publica untersucht eine Spezies. In: Frankfurter Allgemeine Zeitung, 08.05.2015 (Nr. 106), S. 15.

Ferre, Myra Marx; Roth, Silke (1999): Kollektive Identität und Organisationskulturen. Theorien neuer sozialer Bewegungen aus amerikanischer Perspektive. In: Klein, Ansgar; Legrand, Hans-Josef; Leif, Thomas (Hg.): Neue soziale Bewegungen. Impulse, Bilanzen und Perspektiven. Wiesbaden, s.l.: VS Verlag für Sozialwissenschaften, S.131-144.

Friedman, Debra; McAdam, Doug (1992): Collective Identity and Activism. In: Morris, Aldon D. (Hg.): Frontiers in social movement theory. New Haven, Conn.: Yale University Press, S.156-174.

Gamson, William A. (1992): The Social Psychology of Collective Action. In: Morris, Aldon D. (Hg.): Frontiers in social movement theory. New Haven, Conn.: Yale University Press, S. 53-77.

Johnston, Hank; Larana, Enrique; Gusfield, Joseph R. (1994): Identities, Grievances, and new social movements. In: Johnston, Hank; Larana, Enrique; Gusfield, Joseph R. (Hg.): New Social Movements. From Ideology to Identity. Philadelphia: Temple University Press, S.3-36.

Haunss, Sebastian (2004): Identität in Bewegung. Prozesse kollektiver Identität bei den Autonomen und in der Schwulenbewegung. Wiesbaden: VS Verlag für Sozialwissenschaften (Bürgergesellschaft und Demokratie, 19). Online verfügbar unter http://dx.doi.org/10.1007/978-3-322-81007-6.

Herkenrath, Mark (2011): Die Globalisierung der sozialen Bewegungen. Transnationale Zivilgesellschaft und die Suche nach einer gerechten Weltordnung. Univ., Habil.-Schr. u.d.T.: Herkenrath, Mark: Linksprogressive soziale Bewegungen und ihre transnationalen Koalitionen--Zürich, 2009. Wiesbaden: VS Verl. für Sozialwiss. Online verfügbar unter http://dx.doi.org/10.1007/978-3-531-93118-0.

Herwig, Jana (2011): Anonymous: peering behind the mask. The Guardian. Online verfügbar unter http://www.theguardian.com/technology/2011/may/11/anonymous-behind-the-mask, zuletzt geprüft am 26.06.2015.

Hunt, Scott A.; Benford, Robert D.; Snow, David A. (2009): Identity Fields: Framing Processes and the Social Construction of Movement Identities. In: Johnston, Hank; Larana, Enrique; Gusfield, Joseph R. (Hg.): New Social Movements. From Ideology to Identity. Philadelphia: Temple University Press, S.185-209.

Kreutz, Christian (2003): Protestnetzwerke. Eine neue Dimension transnationaler Zivilgesellschaft? Münster: Lit (Region - Nation - Europa, 23).

Laaff, Meike (2011): Anthropologin über Anonymous Aktivisten. "Es geht um das Bekenntnis zu Lulz". taz. Online verfügbar unter http://taz.de/!5122658/, zuletzt geprüft am 18.07.2015.

Leung Amy (2013): Anonymity as Identity. Exploring Collective Identity in Anonymous Cyberactivism. In: The International Journal of Technology, Knowledge and Society (Volume 9), S. 173–184.

Macnicol, Glynnis (2010): Operation Payback Group 'Anonymous' Issues Open Letter to Glenn Beck. Business Insider. Online verfügbar unter http://www.businessinsider.com/operation-payback-group-anonymous-issues-open-letter-to-glenn-beck-2010-12?IR=T, zuletzt geprüft am 18.07.2015.

März, Annegret (2010): Einbinden/Identität stiften: Virtualisierte kollektive Identität und Gemeinschaft. In: Sigrid Baringhorst, Veronika Kneip, Annegret März und Johanna Niesyto (Hg.): Unternehmenskritische Kampagnen: Politischer Protest im Zeichen digitaler Kommunikation. Wiesbaden: VS Verlag für Sozialwissenschaften / GWV Fachverlage GmbH Wiesbaden (Bürgergesellschaft und Demokratie), S. 177–222.

McCaughey, Martha; Ayers, Michael D. (2013): Comparing Collective Identity in Online and Offline Feminist Activist. In: McCaughey, Martha; Ayers, Michael D. (Hg.): Cyberactivism. Online Activism in Theory and Practice. New York: Routledge, S.145-165.

Melucci, Alberto (2004): The process of collective identity. In: Johnston, Hank; Klandermans; Bert (Hg.): Social movements and culture. 3rd pr. Minneapolis, Minn.: Univ. of Minnesota Press (Social movements, protest, and contention, 4), S.41-64.

Morris, Aldon D. (Hg.) (1992): Frontiers in social movement theory. New Haven, Conn.: Yale University Press.

Norton Quinn (2011): Anonymous 101: Introduction to the Lulz. Online verfügbar unter http://www.wired.com/2011/11/anonymous-101/all/1, zuletzt geprüft am 18.07.2015.

Norton Quinn (2012): How Anonymous picks targets, launches attacks, and takes powerful organizations down. Online verfügbar unter http://www.wired.com/2012/07/ff_anonymous/, zuletzt geprüft am 18.07.2015.

Olson, Parmy (2013): We are Anonymous. Inside the hacker world of Lulzsec, Anonymous, and the global cyber insurgency. London: William Heinemann.

Reißmann, Ole; Stöcker, Christian; Lischka, Konrad (2012): We are Anonymous. Die Maske des Protests ; wer sie sind, was sie antreibt, was sie wollen. Orig.-Ausg., München: Goldmann.

Rucht, Dieter (1995): Kollektive Identität: Konzeptionelle Überlegungen zu einem Desiderat der Bewegungsforschung. In: Forschungsjournal Neue Soziale Bewegungen 8 (1), S. 9–24.

Rucht Dieter (2002): Transnationale Öffentlichkeiten und Identitäten in neuen sozialen Bewegungen. In: Kaelble, Hartmut (Hg.): Transnationale Öffentlichkeiten und Identitäten im 20. Jahrhundert. Frankfurt/Main: Campus-Verl., S. 327–355.

Snow, A. David; Benford, Robert D. (1992): Master Frames and Cycles of Protest. In: Morris, Aldon D. (Hg.): Frontiers in social movement theory. New Haven, Conn.: Yale University Press, S.133-156.

Song, Felicia Wu (2009): Virtual communities. Bowling alone, online together. New York, NY: Lang (Digital formations, 54).

Tarrow, Sidney (1992): Mentalities, Political Cultures, and Collective Action Frames. In: Morris, Aldon D. (Hg.): Frontiers in social movement theory. New Haven, Conn.: Yale University Press, S.174-203.

Tarrow, Sidney (2001): Beyond Globalization: Why Creating Transnational Social Movements is so Hard and When is it Most Likely to Happen. Online verfügbar unter http://globalsolidarity.antenna.nl/tarrow.html#top, zuletzt geprüft am 26.06.2015.

Taylor, Verta; Whittier, Nancy E. (1992): Collective Identity in Social Movement Communities. In: Morris, Aldon D. (Hg.): Frontiers in social movement theory. New Haven, Conn.: Yale University Press, S. 104-131.

Thimm, Caja (2011): Ökosystem Internet. Zur Theorie digitaler Sozialität. In: Anastasiadis, Mario; Thimm, Caja (Hg.): Social Media. Theorie und Praxis digitaler Sozialitaet. Frankfurt: Peter Lang (Bonner Beiträge zur Medienwissenschaft, Bd. 10), S.19-41.

Thyroff Kaline (2012): Interview // Anonymous-Buchautor Ole Reißmann. Hacken ist nur ein kleiner Teil von Anonymous. Puls, 20.02.2012. Online verfügbar unter http://www.br.de/puls/import/audiovideo/interview-anonymous-buchautor-100.html, zuletzt geprüft am 18.07.2015.

van Aelst, Peter; Walgrave, Stefaan (2010): New media, new movements? The role of the internet in shaping the 'anti-globalization' movement. In: van de Donk, Wim; Dahlgren, Peter (Hg.): Cyberprotest. New media, citizens and social movements. Transf. to digital pr. 2006. [Im Kolophon: Milton Keynes: Lightning Source, 2010]. London: Routledge, S. 97–123.

Wall, Illan Rua (2011): Anonymous Hacktivism & the Discourse of Human Rights. In: Human Rights in Ireland, 03.02.2011. Online verfügbar unter http://humanrights.ie/civil-liberties/anonymous-hacktivism-the-discourse-of-human-rights/, zuletzt geprüft am 12.05.2015.

Walters Helen (2012): Peeking behind the curtain at Anonymous: Gabriella Coleman at TEDGlobal 2012. Online verfügbar unter http://blog.ted.com/peeking-behind-the-curtain-at-anonymous-gabriella-coleman-at-tedglobal-2012/, zuletzt aktualisiert am 18.07.2015.

Wiedemann, Carolin (2012): Open Collectivity. In: Herb, Ulrich (Hg.): Open initiatives: Offenheit in der digitalen Welt und Wissenschaft. Saarbrücken: Universaar (Saarbrücker Schriften zur Informationswissenschaft), S.205-217.

Wiedemann, Carolin (2014): „Greetings from the Dark Site of the Internet" – Anonymous und die Frage nach Widerstand in Zeiten der Informatisierung. In: Österreich Z Soziol 39 (S1), S. 143–162.